供应商管理仓库的管理实践

——5G 建设提速的护航员

黄羽玲　编著

ZHEJIANG UNIVERSITY PRESS
浙江大学出版社

图书在版编目（CIP）数据

供应商管理仓库的管理实践：5G 建设提速的护航员 /
黄羽玲编著. —杭州：浙江大学出版社,2021.6
ISBN 978-7-308-21456-8

Ⅰ.①供…　Ⅱ.①黄…　Ⅲ.①企业管理－仓库管理
Ⅳ.①F273.4

中国版本图书馆 CIP 数据核字（2021）第 107789 号

供应商管理仓库的管理实践——5G 建设提速的护航员
黄羽玲　编著

责任编辑	傅百荣	
责任校对	梁　兵	
封面设计	周　灵	
出版发行	浙江大学出版社	
	（杭州天目山路 148 号　邮政编码 310028）	
	（网址:http://www.zjupress.com）	
排　　版	杭州隆盛图文制作有限公司	
印　　刷	杭州良诸印刷有限公司	
开　　本	710mm×1000mm　1/16	
印　　张	5.75	
字　　数	100 千	
版 印 次	2021 年 6 月第 1 版　2021 年 6 月第 1 次印刷	
书　　号	ISBN 978-7-308-21456-8	
定　　价	32.00 元	

序

  作为中国铁塔公司的合作伙伴,浙江中通通信有限公司有幸伴随着中国铁塔集团股份有限公司从成立开始的仓储物流规划设计到实际运营落地。其间,铁塔人和我们第三方物流一起探索,形成了独特的供应链管理模式。

  和羽玲老师一起搭档是 2018 年开始的,当时铁塔已完成了基地物流运作体系的搭建,也经历了 2016—2018 年三年公司成立前期的大规模建设支撑,随着铁塔公司在香港上市,企业也从粗犷式交付为中心的管理重心向通过精细化管理要效益的方式转变。长账龄物资清理、库存周转率提升、到货及时率这些相关考核指标摆在羽玲老师面前。

  我也欣喜地看到在上海铁塔公司领导的重视下,在羽玲老师的智慧指导下,在中通通信公司的全力配合下,上海铁塔公司坚定不移地推荐 VMI 供应商库存管理模式,将早期对仓储物流的简单理解推进到整个围绕铁塔站点建设的整体供应链管理模式。在这里,"物"是活的,是有灵性的,在 IT 的辅助下,那些呆滞的物资,那些迟到的交付如同一个个患者,背后一定有一串故事和一系列管理提升流程等待确诊。通过近两年的努力,供应链上下游一个个环节给予了打通。目前,上海铁塔无论在长账龄物资的金额和到货时效还是库存周转率方面都处于集团领先。

  正如书中所说,在铁塔公司的发展历程上经历过 VMI 运作的模式的尝试,最终大量演变成供应商借贷宣告失败。但是上海铁塔公司在集团公司提出尽量压缩库存,向"零库存"要效益的指导意见下,再次探索 VMI 模式,并得到供应商支持,极大支撑了公司建设保障,其主要原因:

1. 一个商业模式的成功运用,背后需要一系列管理手段

  VMI 模式不是简单的供应商在业主仓库备货,为保障供应商自身利益,备货需要合理的采购数量、可以测销量进度以及通畅的支付流程,否则供应商会面临库存资金积压，产品跌价风险甚至产品迭代而造成的报废，对业主而言，增加库房面积占用的压力；不同产权物资的清晰管理，对仓库的精确管理也是挑战。

之前由于管理流程的不完善，供应商在业主处的备货如同黑匣子，是完全在控制之外的，影响了VMI模式的积极性。

因此，一个好的运作一定是业主、供应商、仓储管理商三方的精确配合，最终形成供应商按市场需求自主备货的模式。

2. 日趋完善的信息系统推进了VMI模式的良好运转

在上海铁塔公司，针对供应链管理专门开发了APP，2020年二期开发结束了，供应商能够在APP上交互VMI备库信息，可以远程视频备库存物资的在库状态，虚拟仓可以很清晰展示每个SKU的存储状态，供应商可以在线实时查询库存数量及发货流量。铁塔方项目经理能够通过APP及时查询物资库存或订单状态。

IT手段的成熟运用，使参与方感知到VMI在供应链里流转的可控性，大幅提升了各方的参与感和积极性。

3. 下班最终是效能结果说了算

上海铁塔于2019年5月实施VMI，通过10个月的试运行，供应商VMI参与率近50％，供应商供货效率提升88％，化零为整的供货方式大大节约了供应商的运输成本。对于仓库管理方而言，型号规整便于管理。在VMI的模式下，末端配送效益提升64％，单车配送成本大幅下降。对于上海铁塔而言，零库存管理成为可能，集约化管理效能显著提升，库存周转率远超全国平均水平。

也借此机会感谢上海铁塔公司和羽玲老师给了我们一次参与和实践的机会，仓储物流工作看似机械、简单，在日趋激烈的市场竞争背景下，向管理要效益，通过完善的流程和先进的技术手段挖掘最后一片沃土而不是简单地拼价格才是企业良性发展的长久之策。未来，也希望上海铁塔、羽玲老师在探索供应链管理上取得更好的业绩！

诸国忠 [*]

2021 年 1 月

＊ 诸国忠，通信领域高级经济师，物流供应链专家，国际物流师。

目　录

第一章　VMI 管理的基本理论 ……………………………………… 1

　　1.1　故事发生前总有一段事故 ……………………………… 1

　　1.2　VMI 的定义 …………………………………………… 3

　　1.3　VMI 的特点 …………………………………………… 4

　　1.4　实施 VMI 管理的前提条件和约束限制 ……………… 8

第二章　VMI 管理的意义 ………………………………………… 15

　　2.1　对比 1:菜场买菜与智能冰箱 ………………………… 16

　　2.2　对比 2:快递模式与丰巢模式 ………………………… 18

　　2.3　对比 3:实体店模式与电商模式 ……………………… 20

　　2.4　长远的供应商合作关系 ……………………………… 22

　　2.5　供应商关系管理:核心力是协同,目标点是共赢 …… 24

第三章　VMI 管理下的角色转变 ………………………………… 28

　　3.1　VMI 管理的主旨原则 ………………………………… 31

　　3.2　供应商职能转变 ……………………………………… 32

　　3.3　仓库职能转变 ………………………………………… 33

　　3.4　采购人员职能转变 …………………………………… 36

第四章　VMI 重点流程 …………………………………………… 39

　　4.1　需求研究——安全生产线设定 ……………………… 39

　　4.2　优胜劣汰——综合评估机制 ………………………… 46

　4.3　零库存管理——内外部供应链流程贯通 ················· 53

　4.4　目视化管理——空间设计、库龄管理及远程可视 ··········· 58

　4.5　账实管理——账实一致、月清月结 ··············· 62

第五章　VMI 效益分析 ······························· 68

　5.1　按是否通过 HUB 仓中转分别量化测算效益 ············· 68

　5.2　供应商的管理效益优化 ······················ 70

　5.3　配送的模式优化 ························· 73

　5.4　整体供应链效益 ·························· 74

第六章　团队作业 ······························· 80

　6.1　知识积累和网络框架 ······················ 80

　6.2　深度思考和团队协同 ······················ 81

　6.3　诊断问题的方法论 ······················· 84

第一章 VMI 管理的基本理论

1.1 故事发生前总有一段事故

对于每个实业公司来说,管理关乎内政,如果业务发展是"1",管理就是其后面的"0",管理得越井然,公司的效益就越好。

但是,"0"的价值往往不会在最初体现,因为当没有"1"存在的时候,"0"再多也没有价值,所以相对而言,量化的业绩会被摆放在最先关注的范围内。对于流程管控创造效益一说,由于短期内无法与业绩挂钩,或者说没有直接的效益指标来得那么直观,因此,流程优化往往是企业走向一定规模时才会开始着手研究的事情。

不妨以我所经历的这段企业实践,来讲讲"0"的价值是如何被挖掘的。

2017 年底当我到达公司采购部门的时候,刚成立三年的公司还没有供应链管理的概念。其实公司领导是供应链管理方面的专家,但是由于成立初期公司人员岗位紧凑,采购部门只有两个人,一个人负责工程服务的采购,一个人负责物资的采购,公司把仓库、物流配送的工作全部外包给一家供应链公司。这家公司负责了整个上海地区所有十二家区分公司的物资配送和集中仓储的工作。这家公司有一套非常传统的收发货系统,与我公司订单系统没有接口,完全是两个彼此独立运营的系统。

岗位、流程和系统的缺失限制了公司规模建设的进程。

当 2017 年底整个公司建设前线都在大喊缺货的时候,仓库里却堆满了各种物资,茫然望去应该不下千个品种。同时,供应商的供货节奏也非常随机,很多供应商供货时长达到一个月。根据建设口的统计,每个建设点因为等待各类配货到站,平均等待时长达到 79 天,一些楼宇内的网络覆盖项目要等三个月,这对工期非常紧凑的建设工程来说是无法容忍的。

到 2017 年底,整个公司的资产转固量仅为全年计划量的 60%,上千个建设项目结转到 2018 年,公司内各区分公司以及建设条线的矛头均指向采购部,每天采购部会收到几十个邮件催促紧急供货,但仓库里堆满的各种货物却又迟迟发不出去,因为部分项目未协调好业主,虽然到了货也不那么急着要。

这个故事说到这里,可以看到,当一个大公司,前面是接不完的活,有足足大写的"1",而"0"不到位的时候,这个"1"便打了折。管理是做乘法而不是加法,有需求便有了"1",可是供给不到位,结果并不会是"1+N",而是直接给"1"打了折扣。

当领导在供应链上倾注了资源和帮助,优化所带来的效益足以令人欣喜。

2018 年开始,领导把他的管理经验和供应链理念传承给我,向我描述了供应链前置的概念,在领导的安排和指导下我对公司的供应链开启了改革。

公司采购管理的内涵不再仅仅只是招标遴选和认证,把供应链管理也纳入了物资采购的范畴。管理上通过一月两次的批量需求,有节奏地向供应商约货。经过三个月时间,这个工作奏效了,不仅结转的工程均快速完工,新提交的工程需求也得到了更快速的满足。截至 2018 年底,当年的工程转固率达到 90%,如果加上 2018 年结转的项目,意味着在这一年中的响应量为上一年度的两倍。建设口统计,当年项目平均等待时长缩减到了 29 天。同时,供应商的供货效率发生了重大转变,由于化零为整,供应商的发货意愿大为增加,供货时长从原来 15～60 天随机到货,缩短为平均 15 天即可到货。

如果将一年完成建设的 1 万多个项目,项目平均收益 9 万元计,每节省 1 天就可以多创造 250 元收入的话,那么高效的仓储配送全年为整个公司带来的收益可达到 1.25 亿元。这个数字就是由空无的"0"所创造的。而这个效益只是通过改变列队方式,把原本无序的需求时间和到货做了一下整合,化零散为集中,就产生了巨大效益。

当管理者们看到了管理所带来的如此良好效益后,一场更大的仓储革命拉开了序幕。

2018 年 9 月,领导看准了 VMI 管理的优势,通过信息共享、协议共签、库位规划、分类匹配、绩效考核、系统串联、远程可视等一系列手段对传统仓库管理进行转型。一个日趋完善的精益仓库逐步展现在面前,平均供货时长进一步大为压缩,而仓库的面积也可以做到精简极致。这一刻,管理产生效益的这句话用一个精益仓库高速周转的实践进行阐释。

当公司看到了 VMI 的管理理念,意识到既要巩固前期的管理成果,又要突破新的里程,需要的正是这样一套管理方式。这既可以解决上百家供应商的各种品种的大规模出入库,满足上万个需求及时供货,同时又限定仓库的面积不会因为需求量的增多而无限制地扩张。不会像以前那样:仓库库存和供货速度就是个跷跷板,这头满足了那头必然会翘起来,总也无法达到平衡。

那么 VMI 管理是什么呢？为了更好地推进公司的 VMI 管理,我需要探索这个概念的前世今生,让深度理解来帮助我克服这条行程上会面对的风险和挑战。

1.2　VMI 的定义

在百度上,我们可以查阅到,VMI(Vendor Managed Inventory)管理的定义,即需求方和供应方以获得最低成本为目的,通过共同协议,由供应商管理库存,并不断监督其库存和修正库存计划,使库存管理得到持续改进的合作性策略。

供应商通过共享用户企业的当前库存和实际消耗数据,按照实际的消耗模型、消耗趋势和补货策略进行有实际根据的补货。我们可以将仓库管理和计划预测更大的自主权交给更紧密合作的伙伴,尽可能减少由于独立预测的不确定性导致物流、信息流和财务流的滞后,从而降低整条供应链的总成本,提升供应链的总体效益。

【概念演变过程】

近 20 年来,全球市场环境发生了巨大变化,随着信息通信技术的快速发展,企业管理实践不断演进,推动了 VMI 理论和方法的形成。

VMI 最早出现在 20 世纪 80 年代。1984 年,美国纺织品行业竞争激烈,为了缩短提前期并减少库存成本,研究者们提出 QR(Quick Response)战略,供应商从零售商那里获得实时销售 POS(Point of Sells)数据,据此及时调节生产与控制库存,零售商根据自己销售和库存情况订货,从而提高了供应商需求预测的准确性,使生产计划得到改善。

1985 年,沃尔玛(Wal-Mart)与宝洁(Procter&Gamble)公司对帮宝适(Pampers)婴儿纸尿布存货管理进行合作。由于宝洁作为帮宝适产品制造商和供应商,与作为零售商的沃而玛相比,更了解也更有经验管理帮宝适,沃尔玛提出由宝洁公司自行向沃尔玛建议进货时间和数量,经沃尔玛同意后操作执行。经过一段时间的合作,又免去了建议方面的手续,由宝洁在认为需要时直接送货。沃尔玛将存货交给供应商管理,得到了双赢结果:宝洁虽然提供了额外服务,但它成了沃尔玛首选供应商,在沃尔玛零售点拥有了数量更多、位置更好的货柜,而且沃尔玛与它共享销售信息,使宝洁降低了客户需求的不确定性,可以更好地管理帮宝适的制造和销售业务,还可以更好地计划送货,降低相关成本。沃尔玛则大幅提高了存货管理效率,降低了各零售点帮宝适的存货成本,同时又减少了缺货发生。沃尔玛和宝洁公司实施的 VMI 战略,明显改善了前者的准时交货和后者的销售,库存周转率和顾客满意度均得到大幅提高。

随后,Kmart、Dell、HP、NOKIA 等公司也采用 VMI 系统来降低库存成本。VMI 在欧美国家迅速发展并走向成熟。

1.3 VMI 的特点

管理是件很有意思的事情。有人说,神就是刻苦到极致的凡人,那么管理艺术,就是精益到极致的流程。精益到极致就要对每个环节尽心尽力进行论证分析,究竟怎么变,才能化平凡为精益。当顺序变化了,所有权变化了,关注点也就变化了,整个结果也就不同了。

当公司着手推进 VMI 试点后,我们的供应商变得非常积极,他们不断主动地来咨询我们各个分公司的阶段性需求是否有变化,他们也更勤快地穿梭于仓库和微信群,随时盯着安全库位和自己的账单,而在过去,他们更多的时间要花在一张张的发票催款上。通过 VMI 管理,供应商的销售人员管起了产量与计划的平衡,他们更像是我公司派往各供应厂商的"大使",把公司的计划贯彻到供应厂商的排产过程中。他们手上的数据和我们内部所拥有的物流数据同样详实准确及时,所以,他们的账务数据毫厘不差。

销售人员非常乐意看到这样的变化,因为他们不用苦口婆心地坐在需求方旁边,低声下气地问询能分些单子给他们公司;他们也不用因为紧急调货在休息日或在晚饭时间给已经下班的工厂主任打电话或者厚着脸皮去紧急配货;他们也不再需要为了配合甲方时不时要向工厂下达一些违反工厂生产秩序的指令而引起不必要的怨言。

　　因此,VMI 管理消减了原先由于不确定性而导致的混乱场面,并使得供应链上的需求方和供给方彼此同时获益良多。

　　VMI 管理相比于传统的库存管理,最重要的几大特点可以归纳为:管理责任和决策主体转移,信息可视共享,账务数据实时反映,单品型号规模化流程化处理。

1.3.1　管理责任和决策主体转移

　　当货物还在 VMI 仓库时,所有权尚未转移为供应商所有。因此与物权相关的信息都是供应商非常关心的内容,包括库存余量、变化趋势、转化成订单的频次。由于在传统仓储管理模式中这些数据都沉没在需求方海量的数据库里,仓库管理人员的关注点仅在整体经营指标上,例如库存周转率、库存余额、物资在库时长,而对于某一品种规格的物资流水变动没有足够的精力进行全程监控,那么这些细节数据就难以发挥其效用了。

　　按照传统仓库管理方式,虽然也可以达到零库存的要求,但同时就无法兼顾到货时效的需求,往往照顾到快速响应就无法照顾到库存水位,库存水位要持续低位就满足不了快速供货的需求。需求响应满足率和库存余额成为一对反比关系的指标总要让仓库管理者从中权衡。

　　VMI 的推行与零库存的目标有着重要的联系,它使供应商参与到生产计划的过程中,并且由于供应商到货时仍然放置在 VMI 仓库中,供应商承担了物资在库时长这段时间的库存,这使得需求方可以更全力关心到货时效的问题。大家各关注一端。这一模式发生了一种化学反应,使你中有我,我中有你。在传统仓库管理模式下,供应商并不关心在库时长与周转率指标,这是需求方和仓库管理的指标。但是在 VMI 管理模式下,供应商就要兼顾供货承诺和到货后的消化周期,如果不能及时供货会影响到之后获得新订单的可能性,如果到货后长期未转入到需求方的仓库而是囤积在 VMI 仓库里就会无法收款,所以供应商的销售人员也因此关心起了需求方的消耗数据,这就使多方共同来推动周转率提升和零库存目标了。

　　所以说,关键在于物资权属仍为供应商所有,他拥有其管理责任和决策权力,供应商会因为货物权属处于即将能转化成商品的边缘线上,非常有积极性管理好这批物资,因为在供应商的待销售物资中又划出了一类“即将变现的待销售物资”类别,这也就推动了这个待销售环节更需要科学管理。

1.3.2　信息可视共享

传统的仓库管理中,数据的沟通仅限于公司内部,因此通过公司 OA 或成套的管理软件基本能满足仓库数据与财务系统和生产系统的互联。而在 VMI 仓库中的物资,由于物权仍然属于供应商,供应商能够及时获取用户库存及需求信息,可以更好地对用户的产品需求进行预测分析,提高销售效率。另外,这些物资的信息会同时被供应商、仓储配送第三方和需求方以各自的目标分别调取。这个数据库或数据获取渠道由于多方可以调用,且保持数据的时效性和真实性,这就为三方决策提供可靠依据。

为什么看似简单的 VMI 原理在 20 世纪 90 年代才开始提出,又在这短短几年内被广泛应用。这与通信信息技术日趋完善是密切相关的。

在 20 世纪 90 年代,移动通信技术刚刚起步,模拟方式刚刚向数字方式转变,互联网的跨企业沟通也仅能依赖于邮件,显然无法达到“实时通信,信息可视”的标准。

试想一下这样一个场景,当需求方的库存水位下降到需要补给的水平。第一步,需求方内部已第一时刻发现了这个信号,于是管理员可以用手机第一时刻联系到供应商;第二步,供应商发起内部生产指令,厂家或已有存货或发起生产;第三步,供应商发车送货。虽然这三部曲和现在的管理流程是一样的,但是操作的繁杂度却大不相同。在过去,一个公司如果需要几千种物料,如果需要将这些物料的在库信息及时传递给几十甚至上百个厂家,管理人员在当时通信条件下是很难完成的,通过语音、短信、邮件都难以做到及时的大批量数据多角色分发,也很难管理大规模的厂家队伍都能整齐划一地进行信息交互。而现在,当我们点开手机,进入 QQ 或微信,或开发一个工作 APP,便可以将整理有序的数据随时随地发送到目标群中,可以点对多的方式进行信息传递,效率大大提升。

不仅如此,先前的通信成本高也是 VMI 管理这种需要及时通信的模式无法承受的一个重要因素。1983 年,沃尔玛为了能够及时掌握全球各门店的商品流通情况,部署了卫星沟通工程,曾耗资 2400 万美元,促成了哈佛商学院的“经典教材”。但是这么巨额的投资,不是每个公司都能够或者都有意愿承担的。到了今天,随着通信技术日新月异的发展,全球通信的成本已降低到任何一家规模企业都能够承担,要达到可视化的目标,只需要宽带或无线网络再增加摄像头等一些耗材便能实现。

在数据管理软件方面,仓库应用系统也在这几十年中发生了巨大变化。仓库管理子系统(WMS)是 ERP 的一部分,除了 ERP 技术以外,还有 RFID、GPS/GIS 和 EDI 技术都广泛运用在物流配送场景中。这些信息技术为实现仓储精细化拣货配送数据及时更新提供了基础保障。

1.3.3　单品型号规模化处理

在实现高周转的同时,仓库面积和仓库余额下降,其中重要举措在于能够将库存水位线不断压降。只有能将更多的面积空间腾空,才能给予 VMI 仓库更大的支持。要做到能压降库存,首先要减少品类。过去,仓库管理是被动的角色,前端买什么听之任之。但是,在 VMI 管理模式下,仓库管理要主动规划,不能让仓库里区域被打乱,要将区域和品类之前的既定关系都设定规划好。如果出现满溢或无法发送的现象就必须强有力地将规范一推到底,所以,需求单位、建设单位的设计内容也需要和仓库管理同步进行,对于每种型号是否规模使用,是否可以替代使用都要进行前期讨论和计划制定。

仓库管理同时还要高效协调供货。这一过程中,不靠谱的供应商会被逐渐挤出。需求方积极地分析后,可以把更多的单品型号排序,将更多的份额给到更有能力的供应商。由于规模效应,供应商也会因为可以获得更多的货架而积极地进行内部调整和外部配合。这一正向激励机制正是对各供应商结果管理最好的奖惩制度,可以有效地筛选出优质伙伴,从仓库的管理效率结果客观评价供应商的能力,给前端寻源和供应商长期关系维系提供最实效的依据。

1.3.4　账务数据实时反映

对供应商来说,最关心的两件事情:第一是销售提量;第二是快速回款。

在传统的方式下,由于数据透明度不高,账单的回款速度取决于甲方的管理水平和支付意愿。根据支付意愿高低和数据管理能力强弱可以将甲方的类型分为支持型、合作型、紧密型和松散型。见表 1-1。

表 1-1　供应链双方支付意愿类型

双方关系	支付意愿高	支付意愿低
数据管理能力强	支持型	合作型
数据管理能力弱	紧密型	松散型

当甲方既有高支付意愿又有强管理能力时,对于销售人员来说能够获得非常有力的支撑,供应商只要做好自己的营销工作,数据账单的处理上甲方起到主导作用,销售人员全力配合做好对账和开票工作。这样,销售能顺利地获得回款。

当甲方虽有强管理能力但在支付上以拖延方式来施压提出额外需求时,对于供应商来说即便做好了自己,也只能将命运交由对方来决断。供应商对于这种不确定性往往是哑巴吃黄连,有苦说不清。但是,也无奈于自己的乙方位置,只能忍气吞声。

当甲方虽有高支付意愿但无强管理能力时,对于供应商来说需要更多流程的沟通,不能只关心供应商内部的事情,更要能加强对甲方的对接,从流程、对账盘货等各流程需要提前介入,与甲方人员建立沟通工作机制来避免结果不一致导致不能顺利回款的风险。

当甲方既无高支付意愿也无强管理能力时,供应商的回款将成为遥遥无期的等待,可能这些回款将成为永久性债务,双方的关系无长远合作的基础。

但提倡 VMI 管理的发起意愿一般都来自需求方,其目的是为了提高库存的周转效能,参与的供应商必须与仓库签订具有法律效力的协议。当配合甲方进行 VMI 管理时,供应商必然会对前置供货更长的付款周期产生质疑,这会使甲方有动力要把 VMI 管理的流程梳理清晰,并对账款回款的时效性、仓库余料的处置以及更换供应商时安全生产线内的前置物资转化成订单进行承诺,以消除供应商的迟疑,促成供应商签订协议。

因此,一旦甲方选择使用 VMI 管理模式并希望能够长期正常运转,甲方必须具备高付款意愿和通畅的付款流程,双方的关系应为紧密型或支持型,即便数据管理流程在一开始并不完全顺畅,但也必须以账实一致、账款快速支付为目的来配合 VMI 管理的实现。

1.4　实施 VMI 管理的前提条件和约束限制

VMI 管理模式既然已经被诸多优秀运营生产企业付诸实践,并已证实这是非常高效的管理工程改进技术,为什么在国内的规模企业中尚未形成时尚？那么要推动这一管理实践,前提条件是什么呢？

我很幸运地经历了公司两度选择推进 VMI 管理的过程,在公司第一次尝试以失败告终后,领导牵头组织了第二次尝试,在之前失败教训的基础上进行流程重构,最终不辱使命,推进 VMI 管理步入了正轨,完成了领导的意愿。

我将 VMI 管理模式的推行前提条件归纳为:强烈的领导意愿＋坚定的执行能力＋精巧的流程构思＋灵活的系统支撑＋负责的合作伙伴。这五大条件缺一不可,而且其轻重顺序按照前列排序不能颠倒,如果按排序有某一环节还达不到既定标准,那么即便后续因素再完美也无法推进 VMI 管理的实现。

首先,来谈谈领导意愿。领导意愿高低这是打开 VMI 管理大门的钥匙。

当我在参与第二次领导安排的创新实践时,我从一些老资格的供应商口中得知,公司领导在其前任公司管理时已推广过 VMI 管理的雏形,也就是领导所说的前置仓库管理,这一管理模式和 VMI 管理有很多相似之处,但在细节上我做了很多处理,也是因为时代背景都发生了变化,所以在方法上应有所不同。所以,正是因为这是领导内心的一个梦想,我在实施过程中得到了非常多的支持,在各种公众场合,领导总是会提及这项工作,并把这项工作的重要性摆放在非常靠前的位置。

即便第一次公司刚成立时全国各分公司轰轰烈烈的推进而最终以一场试错的实验戛然终止后,上海公司领导仍然非常有决心。时隔两年,我们又重头来过。要知道对于管理来说,改革远比改进要冒进很多,公司领导勇敢地做了抉择。

但是国内多数企业并不都会像我所在的企业那样幸运,能有机会去践行一个理想主义的梦想。也许可能很多企业的领导没有亲自经历过供应链管理模式转变的经验,因为无法分辨好坏,也就不会有这份坚持。如果是在职业经理人建议过程中实施,这项工作很可能会遭遇某些利益方的权力被削减而发出强烈反对声后被叫停。即便具备团结而强有力的执行力,但是因为经验缺乏导致的流程乱套,那么尝试一遍后便可能轻易得出结论,"VMI 管理并不可行",于是这个管理模式也将被束之高阁。所以说,在五个决定性因素中,最为重要的是领导意愿。

　　据中国物品编码中心对北京、上海、深圳等 11 个城市 200 多家不同行业的企业调查,我国大部分企业对供应链管理的概念并不完全理解。被调查的企业中,90%以上的企业对供应链概念不理解。VMI 作为一种新兴的供应链库存管理方法,现今在国内企业的经营实际中还处于研究和应用的初级阶段。目前在国内对具体供应链方法缺乏系统、理论的介绍,所以能够充分认识和肯定 VMI 作用的领导者是非常稀缺的。这也就是为什么在国内还没有足够多的企业了解和实践这一管理模式的原因。

　　同时,VMI 是一种系统、集成的管理思想,要求供需双方建立互信的合作伙伴关系,做到信息共享、流程配合。如果企业之间缺乏信任,要使企业之间的流程协同、信息共享是不可能的。所以它在开始推行时,需要领导的全力支持,需要彼此作出利益让步以获得更大的共同利益。

　　当牵头向供应商宣传与贯彻 VMI 管理概念时,我强调第三方仓库是供应商使用并租赁的,因此,由供应商来对其库存数量进行计划和盘点,只有当我公司有实际需求时,VMI 库存才转化成订单,由 VMI 仓库转入我公司仓库,并由我公司进行管理。这一说法遭到了很多供应商的质疑,他们认为我们又第二次进行无订单备货方式,这个模式会造成他们最终催款困难,因为他们将货物放在了我公司委托的第三方仓库就等于货物已经归属了我公司,而付款又必须等到这些货物转化成订单出库后才实现,他们理解这种方式就是过去的借货模式。并且由于全集团在之前第一次采用前置库方式后留下了非常多的后遗症(如长期对账困难),整个集团下各分公司都不再采用前置模式,并以扣分指标严控省公司发生未下单先收货的现象,供应商们担心我们的管理计划是否只是一时兴起,可能会比第一次死得更快。

　　正当供应商迟疑之时,我们领导打出了两句口号,第一"所有订单只要 VMI 仓库里有,就只采 VMI 仓库的物资",第二"VMI 仓库虽然是供应商的中转仓,但试点期间费用均由我公司承担"。这样的决心,使原本观望的供应商开始跃跃欲试,因为 VMI 管理一旦开始就会让观望者动心,一旦只采 VMI 仓库的物资,那么不参与的厂商便几乎无生意可做。即便有公司的高压线不允许无订单的发货,但销售人员为了销售业绩,都力争与公司协商,而由于我们第二次的尝试已经吸取了之前的教训,在流程设计上更为供应商的回款着想消除了他们的后顾之忧,在试点过程中各项指标都具有说服力。最终,以我们的诚意,一半以上的供应商加入了 VMI 管理的队伍中。

第二,除了领导意愿,坚定的执行能力是非常重要的因素。管理模式的切换需要经历一个周期,并不能像电器开关那样立竿见影。在这样的过程中,会存在一些不确定性因素的干扰,比如在执行初期供应商的节奏和订单需求提交的节奏不协同导致等待,又比如操作人员对新流程的不适应或错误操作导致物资的信息和实际数量未匹配一致,再比如由于 VMI 管理使用制度决策方式,代替人工决策,原来做决定的订单人员会因为权力被替代而在一些环节中不加以配合。这些因素需要被最及时妥善处理,一旦发酵就会成为阻滞力量。所以执行层面需要时刻关注一线,把控各个环节,一旦发现有环节脱节,就要尽快分析寻找对策,优化流程,并在关键环节安排最得力信任的部下把关。

在整个集团成立之初,集团采购部就希望用高效的前置库管理来保障公司运营,但是当时各省的物资管理人员很多都是半路出家,并没有相关的管理经验,更别说前置库管理需要与供应商紧密地协作进行跨公司沟通。由于只求结果不问过程的做法,造成了内外部都不对彼此的账实流程负责,在长达两年的粗放作业后,很多供应商发现自己提供了很多商品最终难以对账回款,于是各供应商集团内部下令不再允许销售人员提前供货,而之后销售人员还要通过长期艰苦的沟通,在一团乱麻的历史旧账里苦苦找寻当时的订单去向直至账单能被付清为止。

所以执行层面能否做好规划设计无死角,协同组织供应商参与管理是这场模式转变的关键。

第三,当领导层和组织者都能够排除万难,全身心投入引导和设计,那么精巧的流程构思就是 VMI 管理能发挥巨大效益的关键要素了。

二战期间,美国大量地征募年轻人入伍,应征报名入伍的人都要通过体检。患有某种罕见传染性疾病的人不准入伍,有一种验血方法可以经过一次化验有效地查出血样中是否含有这种传染病的病毒,即使病毒含量非常低的时候,此方法也能够很灵敏地显示阳性结果。最简单的办法是将每个人的血样检查一遍,如果有 10 万人应征报名入伍,就要做 10 万次化验,需要巨大的工作量。1943 年,一个叫 Robert Dorfman 的年轻学者提出了一种分组验血的策略,可以显著地提高检验效率。他的方法是将每个人的血样提取一部分,以 k 个人一组混合。如果混合血样显示阴性,则这 k 个人只需这一次化验即可确认无病。如果试验结果为阳性,再分别检查该组成员的每份血样,确定患病者。假设有 100 个人参加检查,其中有 3 人患有疾病。如果用最简单的办法,将每人的血样化验一遍,需要 100 次检验。如将 100 人分为 10 组,每组 10 人,现将每个人的血样提取一部分,将每组 10 个人的部分血样合成一份混合血样。则 10 组混合血样中最多有 3 组包含患病血样。也就是说至多需要 10 组混合血样的化验加上 3 组共 30 份血样的逐一化验,共计 40 次即可确定出所有患病者;而如果 3 个患病血样恰好被分到了同一组,则只需要 20 次化验即可确定出所有患病者。所以对这个这特定的例子,分组策略最多可能节省 80% 的工作量,最少也能节省 60% 的工作。

这个案例非常生动地说明精巧的流程是实现目标的利器,好的流程可以事半功倍,大大提高效率。公司两度推动 VMI 管理,一次成功一次失败,第二次的成功推进是在第一次失败的基础上总结了经验教训,而最大的教训就是流程设计。VMI 管理是流程再造,它需要的是精密思考各个环节,尤其是与供应商之间的协同,而不能只依靠承诺来打包票。在订单资格获取、订单下单顺序、安全库存研究、物资入库标记、逻辑仓库切换、账务实物核对、绩效评估反馈等各环节设定严密的流程,充分发挥科学管理的优势,变想象不到为可以看到。

第四,灵活的系统支撑。

粗放的管理模式会带来一系列的不确定性,这在第一次尝试前置管理方式时我们得到的教训。当时,公司成立初期,上下齐心要打造"共享共赢,创效率效益型企业",所以物资管理的模式也选择非常高效的前置库方式,由供应商在仓库备货。可是当时公司的信息支撑系统还没有搭建完善,公司的仓储和配送外包给第三方运营,第三方用自己的仓库系统统计,公司内部的项目需求是独立运转的内部系统,两个系统间没有唯一对接接口,同步性和业务解读能力存在缺陷。同时,在公司成立初期,由于人员配置紧张,参与采购的人手有限,没有人关心供应链运营,认为只要把需求提给第三方,后面的事情就外包了,不必操心了。

当我在设计推动 VMI 管理流程前,用了半年时间先梳理了公司四年的所有订单记录,这些订单中有 20% 左右的信息在双方系统中存在各种程度的差异。最为严重的错误是信息不同步、流程未对接。例如,公司内部系统未将退库数据开放给第三方,第三方系统只是机械记录出入库信息,未将退库信息作为退库入库属性而是作为出库减项,并且对出库减项的表述方式没有规范,既有作为入库数量增加方式,也有按照出库撤销方式,还有不按单条记录描述,而是在原出库信息的备注中说明,这样的数据格式对数据协同造成障碍。又如公司的系统流程对审减物资退库不予处理,而在仓储运营过程中,当审减退库发生时,物资仍然被接收,这批物资就成为账外资产未被描述在公司的财务数据中。

大量的逆向流程缺乏双方人员的认真梳理,长期积累下来形成了对账的困难。正是这个内外协同的节骨眼,影响了当时的运营效率,给后期管理带来了很多后遗症,可谓"欲速则不达"。对于流程还是要先坐下来仔细琢磨,未雨绸缪,才能做到胜券在握。

沃尔玛在成立之初相当于我们现在的二、三线城市的超市,只在阿肯色、密苏里和俄克拉荷马的地区经营了30家折扣店。经过15年经营,它拥有了1200家商店,销售额达到47亿美元。当时更具规模的凯马特规模都远超沃尔玛,但这个"乡镇企业"首先采用计算机手段跟踪销售情况,及时协调商店补货。5年后,沃尔玛的销售额反超凯马特一倍,此时,凯马特尝试把大把资金投入自动化扫描设备、新产品采购和存货控制系统。但却发现员工缺乏有效使用新系统的必要技能,输入系统的数据错误百出。因为沃尔玛花费多年时间在内部建立确保数据准确性的原则,经培训的员工可以最有效地使用复杂系统。又经10年,凯马特最终消声于商场。

所谓谋事在人,只有将问题分析得足够透彻,将步骤设计得趋于完美,才能避免因人为疏忽而造成的失败可能。

第五,负责的合作伙伴。

毫无疑问,对于前置库的推进,需要给力而忠诚的负责的合作伙伴。他们既对自己的管理能力有信心,也对需求方的决策有信心。这样的合作伙伴难能可贵,因为他们并不只在意自身的利益,而更希望双方的共赢。同时这样的合作伙伴也非常希望被公平公正地对待,因为他们也同样相信,VMI管理是可以科学改善订单资格获取的公正机制,他们只要做好自己就能以行动结果赢得市场。

这是因为当我们采用VMI管理时,我们的供应商已不仅仅是甲乙双方的关系,而是整个供应链机器中的重要环节,机器运转越快,供应商的完美度就越能被呈现。

第二章　VMI 管理的意义

对于生产型和工程型的公司来说,物资供应的节奏不同步可能会引发多米诺骨牌效应。公司的物资供货时短时长会引发流水线的闲置或拥挤,也会使人工无法均衡地排产而导致公司额外支付加班费或临时工工资。同时公司产能不足又会造成收入指标延迟,进而影响到现金流。对于公司而言,现金流就是生命线,一边会支出增加或产线闲置,一边又收不到款,这无异于卡住了公司的咽喉。VMI 的管理模式可以让货等人而不是人等货,是企业更快速地获得现金流从而保证企业供血的重要保障。

当我们兴奋地看到试点供应商的供货效率指标从 14 天提升到 2 天内到货时,并不是所有的供应商都一致地站到 VMI 的阵营,即便领导发出了最有力的宣传口号"当 VMI 库里有货,我们优先采购",仍然有很多供应商在犹豫不决。

在这期间,有几类典型的供应商道出了自身的顾虑。

第一类,地位相当的国企,他们内部有着严格的流程,认为 VMI 管理突破了他们的内部限制。在公司的管理条款中明确规定:严格禁止货物提前以信用方式交付给需求方,所以他们的销售人员非常为难,受此限制后将拿不到我们的订单,业绩会受影响,但突破限制则又会坏了规矩。

第二类,专业龙头的民企,其流程也有信用规则的条款,但他们可以通过销售人员自身的信誉来做担保。虽然他们也会顾虑如果做了信誉担保后,进入到 VMI 仓库的物资是否能被全部消化,如果将来发生了供应商入选资格的变动,会不会使得进入到 VMI 仓库的物资还需要退回,那么这个逆流程则会让他们非常难堪。

第三类，国际最牛的公司，他们有非常严格的内部流程，他们并不在乎我们的 VMI 管理，因为他们也有他们的 HUB 仓，只不过我们的中转站是为了更好地支持神经末梢的生产，而他们的中转站是为了他们更完美的流程。在我刚刚接手公司供应链管理的时候，我主动向最牛公司提出参观 HUB 仓的提议，他们非常热情地为我介绍了每个环节，就像一本活体教科书一样，所有大师级运营管理的内容都可以在他们的管理细节中呈现。所以，这一次我要做的管理调整，会冲破他们的内部平衡，说实话，我内心非常兴奋。如果我能够获得他们的支持，那么也可以证明，我所做的这件事情是非常有意义的，因为国际最牛的公司为公平公正是愿意做出让步的，当然，能否做到还是需要付诸极大的努力，事在人为。

为此，我们组织了一场盛大的宣贯会，用三个形象的比喻来说明 VMI 管理不同于传统仓储管理的特质，希望动之以情，晓之以理。

2.1　对比 1：菜场买菜与智能冰箱

如果把传统仓储比作去菜场买菜，那么 VMI 管理就是智能冰箱模式。见图 1-1。

当主妇要炒一桌菜，先要把菜单确定好，然后按照菜单内容计算各类需购买的品种和数量，接着要从家出门前往超市，有可能会被超市里缺货的品种困扰，还要再前往其他地点补货，当补齐所需所有材料后，付完款回到家，才开始烧饭做菜步骤。

每位主妇，都有同样焦头烂额的买汰烧经历。

但是如果冰箱里在要烧菜时就已经备齐了想要烧的菜的原材料，主妇们一定会非常开心，因为不必在炎炎夏日或风雨天里出门买菜了，也不用担心有些原材料因为已经被卖完而变更当天的计划，更不用花费这么多时间在路上来回。如果有这么一台贴心的智能冰箱，可以帮主妇们省下时间，只需集中火力烧菜，那它将大大节省买汰烧的时间，大大提高家庭幸福感，让主妇们能腾出双手来做瑜伽或辅导孩子学习。

	菜场买菜	智能冰箱
下单方式	准备想吃的菜单,整理出要购买的品种,出门采购或网上下单等待快递送货	冰箱将缺货信息传递给供货商,供货商整理订单后配送到家,确保冰箱内每种品种不低于安全库存
购买方式	传统交易模式,物权随货物同步转移,无信用担当的交易方式	货物在冰箱内物权仍属于供货商,当客户从冰箱中取出时物权就属于客户,货物在出售前以方便客户的方式进行存放,可以放在客户处,有信用担当的交易方式
付款方式	按单购买,付钱收货	按期付款,先用后付
综合评价	被动式供货,长等待下单	主动式供货,零等待下单
时效	下单采购—购买过程—收货—下厨等待时间取决于购买过程,存在货物断供、路程、配送时间长短等情况	按批接收—即取即采—下厨货物配送在前,一般无需等待,在非常特殊情况可能会有突发需求量而引起的货物准备无法达到安全库存情况
服务	由客户决策并发起,供货商等待指令	由供货商根据约定决策并发起,供货商可主动参与销售、计划

图 1-1　传统买菜与智能冰箱对比图

对于公司来说,VMI 管理的仓库就是这样一台智能冰箱,它通过信用的方式,让供货商将他们的仓库转移到了 VMI 仓库,因为公司组装一个成品不再因为各个距离长短不一、生产周期不一的供货而导致到货不一的等待,公司只需关注集中了各种原材料的 VMI 仓库,即用即取。通过 VMI 仓库的科学管理,公司可以平抑不同种类原材料不同生产周期所导致的不确定因素。

2.2 对比 2:快递模式与丰巢模式

在中国,快递业的发展革新是非常迅速的。40 年前,中国第一家快递企业中国邮政成立。1978 年至 1988 年,世界快递巨头“Fedex、UPS、DHL、TNT、OCS 公司”先后与中国对外运输总公司签订合作协议,国际快递公司业务正式进入中国市场。近 20 年,国内民营快递公司如雨后春笋般崛起,快递业务的竞争日益剧烈。

伴随着电商的快速发展,国内快递业务量呈现出井喷式的增长。到 2016 年,每秒钟产生近 1000 件快件;每人一年中寄出 23 个快件,平均每年 50％增长率日均服务超过 2.5 亿人次,支撑网络零售额超过 4 万亿元。

与此同时,一些焦点问题也无法回避。

不少城市的写字楼、校园门口摆摊派送快件现象普遍。传统快递呈现“路边摊”现象,由此产生丢失、错拿包裹的情况,再遇上恶劣天气,有些包裹还会受损。一方面是租金上涨,快递加盟网店租金成本往往占到运营成本的 20％左右,成本限制了归集点的数量;另一方面包裹寄放在门卫、物业、保安室有风险,冒领、丢件时常发生,有的门卫甚至不给放置,快递单上的个人信息和隐私也容易被泄露。

如何更好地解决快递“最后一公里”问题?

● 2011 年 3 月,吴遥在奉贤上海大学城租了一个 10 平方米的门面,第一家“驿公里”店开业了。一家家快递公司谈下来,业务从一天只有 70 多票,慢慢发展成 200 多票。

● 10 月,“驿公里”获得“玉佛禅寺觉群大学生创业基金”资助的 10 万元无息贷款。很快,吴遥又在母校新开了一家店,并将奉贤大学城店装修一新,打算让这家店成为下一步招商引资的示范店。2012 年 5 月,吴遥的

"最后一公里——高校综合服务站"创业项目从105个项目中脱颖而出,获得"赛伯乐杯"第二届杭州大学生创业大赛三等奖。

"驿公里"便是"丰巢"的雏形,它能有效提升发货和收货在最后一公里触点"化零为整"的效率。

"丰巢"是加载了智能化手段的"驿公里"创新,它能更精益准确地梳理最后一公里的难点流程,革命性地解决效率问题。

对快递小哥来说通过"丰巢"可以获得诸多裨益。第一,他不再需要挨家挨户进行确认,可以节省其钻进钻出的时间。第二,丰巢的空柜信息实时获取可以使中枢系统掌握投递节奏,使快递员可以按批次进行投递,而不需要拿着送不出去的零单满大街跑,提升了流程环节的可视化。第三,货柜领取签收信息实时回传,准确无误地实现销售收入,可以有效避免错单、冒领,并且对于漏单也可以通过系统方式快速查询。见图1-2。

图1-2　传统快递与丰巢快递柜对比图

这一模式,就如同 VMI 仓库管理,在配送至各个项目前有一个"驿站"。这个"驿站"可以统筹批次货物的实际存取信息,将数据提供给供应商,使原本按照项目来发货的零散方式转变成"整存零取",在数据流上,使供应商能及时掌握被取走的频次和间隔,更全面地掌握生产计划,便可以更好地配合供货。

2.3 对比 3:实体店模式与电商模式

1998 年 3 月,我国第一笔互联网网上交易成功,次年 3 月 8848 等 B2C 网站正式商用,网上购物进入实际应用阶段。2016 年,中国网购规模达到 7500 亿美元,占了全球市场份额的 40%,比排名第二的美国(3121 亿美元)、第三的英国(1500 亿美元)、第四的日本(900 亿美元)加起来还要多。电商平台的迅猛发展有其促进销售的优势,对于企业运营来说,是将销售的流程环节进行了外包。

在电商化模式下,销售企业只需要在平台上展示,通过营销术语或方案来吸引客流。在对方下单时,销售方再下达指令给供货商或电商仓储发货,销售环节不需要像实体店那样必须进货买断,每天盘点,货物囤积时做促销以获得更大空间周转,也不需要因为囤积货物而占用现金流。虚拟的电商平台把长链条缩短,减少了中间环节。见图 1-3。

VMI 仓库如同电商平台的作用,可以使企业仓库实现零库存或轻库存,当一有需求时,物资已在 VMI 仓库里等待,企业的订单瞬间就由入库转出库并进而实现了交易,没有经过存货等待之类环节。VMI 仓库既不占用企业的场地,也不占用企业的资金流,可使企业效益达到最大化。

上述三个比方从仓储方的视角、供应商的视角和主顾方的视角分别来看 VMI 管理与传统运营模式的差异,三方参与者都会因管理模式变化获得有效的提升,达到供应链价值最大化,使多方共赢。

幼儿英语启蒙有声绘本全套60册3-6周岁儿童英语启蒙季基础分级阅读1000句基础口语中英双语6-9岁—二年级小学生英

价格　**380.00**元

配送　快递: 0.00

评价　★★★★★ 4.7分（累计评价 48 ）

现在查看的是 您所购买商品的评价
于2019年4月30日下单购买了此商品

累计评价 48

与描述相符
4.7
★★★★★

4.7

非常不满　不满意　一般　满意　非常满意

其他买家，需要你的建议哦！

认真写评价最多可获天猫达人成长值20点！

评价商

截图(Alt + A)　描述相符 ☆☆☆☆☆

*卖家服务 ☆☆☆☆☆

*物流服务 ☆☆☆☆☆

评价服

图 1-3　电商平台与实体店对比图

2.4　长远的供应商合作关系

VMI 管理虽然可以实现供应链价值最大化,使多方共赢。但 VMI 管理与传统供应链面向订单的运营组织方式不同,VMI 是面向仓库库存的运营组织方式,供应商在这个过程中就像是公司的一个组成部分,需要密切的配合协同,那么供应商必须要有足够的驱动力才会促使其愿意承担责任和风险来配合需求方。

企业是否能给供应商带来更长远的利益是供应商决策的关键。先来看一个经典的协同案例。

以香港利丰 Li&Fung 为例,香港最大的富过三代的冯氏家族,他们控制的冯氏集团,是香港最大的财团之一,在全球 40 个国家和地区设立 70 个分公司和办事处,拥有 4 万员工,年营收 200 多亿美元。其愿景是"为世界各地的消费者提供合适、合时、合价的消费产品"的目标。

冯柏燎在 100 多年前,跟朋友李道明一起在广州合办了利丰公司,作为首批从事出口的华资公司,打破了当时外国洋行对中国对外贸易的垄断。冯柏燎最大的优势是会讲英语,当时作为中美贸易的中间方,他们能获得 15% 的佣金。由于战事吃紧,冯柏燎让自己三个儿子去香港开拓分公司。当抗日战争全面爆发之后,利丰公司在广州的业务已经倒闭了,不过香港的业务在长子冯汉柱的带领下,站稳了脚跟。二次世界大战结束之后,冯汉柱把公司的总部搬到了香港,而李道明把李家持有的全部股份也卖给了冯氏。

冯汉柱从美国引入了圆珠笔,这个产品让冯家取得了巨大的成功。圆珠笔给公司带来了丰厚的利润,之后利丰的经营范围不断扩大,从陶瓷、工艺品到玩具、成衣等产品。20 世纪 70 年代,利丰在香港与内地及新加坡,还有亚洲的许多国家,设立分公司,开拓贸易。

冯汉柱两儿子冯国经与冯国纶都是超级学霸,两人都拿到了哈佛的学位,这在香港的富豪家族中,是非常少有的。

冯国经在爷爷靠"拿佣金"、父亲靠"中间商"的创业模式基础上,打造了一个独特的商业模式。当他 1976 年从美国回到香港时,朋友说像

Li&Fung 这样的交易代理公司是"夕阳行业"会在 10 年内消失。于是两兄弟开始了他们对纯粹的贸易代理公司进行了一番改造。

第一阶段,世界工厂的组装基地。他们了解各国各地区的产品,生产的周期、价格构成,同时他们也了解各国各地区的需求。所以,他们可以将不同国家的螺丝和扳手组装起来销售。这一阶段能赚取盈利,但还不算是很大。

第二阶段,管理者和生产规划者。通过提前获得客户的需求计划,他们组织按客户的个性需求进行生产,与工厂一起计划和监督生产,以保证质量和交货时间。

第三阶段,价值链整合和"分散制造"。随着内地的改革开放逐步推进,Li&Fung 将劳动密集型生产部分转移到内地南方城市。这个世界上有人提供原料、有人提供制造、有人提供组装、有人服装运输,冯国经创造性地把这些都组合到一起,打造了世界上最成功的供应链公司。通过价值链分解,他创造了分区域制造计划网络,形成无边界制造模式。冯国经把Li&Fung 这个事情做到了极致,被业界称为供应链的"沃尔玛"。

Li&Fung 的成长与成功对中国改革开放的发展也注入了非常大的活力。它引领了大批企业从小作坊走向规模企业,在摸索中找到自己的定位和发展契机。这其中既有 Li&Fung 自身战略转型和流程再造的需要,更有供应商关系的管理与规划。Li&Fung 成就 200 亿美元年销售额财团的同时,也成全了全世界星星点点小企业从无到有到强的过程。

也可以说,Li&Fung 的成功在于天时、地利、人和。天时,是沾了改革开放的光,把握住了风口,踩上了浪尖;地利,是编织了通向全世界的贸易网络,并没有把需求的来源局限在某地或某物,形成了大格局;人和,是有效的供应链管理,激励起星火燎原之势,实现了贸易帝国的扩张。

当我们在推进 VMI 管理时,每周都会和几位核心供应商小聊一会儿。我们会聊同行业的其他几位 500 强在干的事,和我们在干的事,比较各自的优劣势,还会聊聊他们推进过程中,内部的生产发生了怎样的变化。每一次聊天,我都能从中获得信心,因为我发现,VMI 管理并不是单纯有利于某一方,而是参与方都获得了管理改善。无论是其订单量的增长还是某种型号的规整或是其内部管控随之而来的顺畅,都证明了 VMI 的管理促进了供应商的长远和根本利益。

正是这种立足长远、互惠互利的管理模式,拉动供应商能够放下成规,重新分析利弊,审视流程,全力以赴参与我们的 VMI 管理阵营,包括本章首篇提到的那三大类典型的公司,最终都积极投入到了我们 VMI 管理的配合中。

2.5　供应商关系管理:核心力是协同,目标点是共赢[①]

供应商关系管理是供应链中,上下游商务关系的管理,充满复杂性。这种复杂性对供应链的竞争优势起到关键作用,这就是需要对供应商关系进行管理和规划的主要原因。

供应商的协同并不是单纯的力量抗衡。从短期内看,某方可以因为自身更强势的地位向对方提出要求,让对方承担更多的风险,弱势的一方会迫于自己微弱的发言权和长期合作愿望作出让步。但是从长期来看,单方面的妥协去配合强势一方,终究会因为利益受损而无法长期持续。供应商协同必须是以双方共赢为目标,虽然在出发时有一方会为另一方承担风险,另一方也应努力协助对方避免风险,否则将无法携手到达终点。

2.5.1　供应商关系的类型及特征

供应链上下游的关系并不仅仅是简单的交易关系,还充满着各种复杂性,这种复杂性对供应链的竞争优势起到关键作用,需要对供应商关系进行管理和规划。

从多维度看,关系的紧密程度、互惠互利、信任程度各有不同,根据这些差异可以形成一个关系疏密的图谱。每一关系的形成都有它的成因,受到的影响来自于采购与供应的基本要素、供应市场的作用、供应链特性,同时所形成的关系反过来也会影响到一系列运营因素:供应合同的类型与期限、所提供的产品或服务、供应商数量、信息交流的数量和质量、定价机制和交付业绩、高层参与程度以及买方对供应商的开发支持力度(见表 2-1)。

---

① 供应商关系管理内容引用曲沛力先生所著《采购与供应管理有效执行五步法》。

表 2-1　供应链的类型及关系

供应商关系类型		紧密程度		
		弱	中	强
依赖关系	交易型	对立关系	松散关系	交易关系
	协作型	战术关系	单一来源	外包关系
	伙伴型	战略联盟	伙伴关系	共同命运

（1）交易型关系中，双方是以短期利益为驱动的。双方都期望能达到自己设定的所谓最优结果，必要时会以牺牲对方利益为代价。这是一种非输即赢或追求你输我赢的思维方式。典型的方式就是采购方通过本身较高的博弈力使用定价权，来压低供应商的利润率从而获得最低价格，但反过来供应商低价中标后通过偷工减料或不负责任的低价转包来提高自己的利润率。

这种关系对未来存在潜在的负面影响，双方关注的是短期价格和战术成本，而不是长期价值和全生命周期成本。这种交易型关系的特点如下：

- 双方缺乏信任，很少共享信息。
- 关注于一次性或短期交易。
- 利用自身短浅优势地位进行谈判来获取交易关系。
- 双方均不会十分在意交易过程是否损害了对方利益和长远的合作关系。
- 不承担对质量改善任务的共同责任，仅仅按照合同条款简单行事。
- 由于不能对互惠的利益有正确的认识而缺乏合作精神。

（2）协作型关系中，双方积极进取共同建立长期互惠可持续的交易关系。不仅双方能够分享共同利益，还能通过寻求供应链增值的方法来获得额外的利益。双方都争取把蛋糕做大以形成一种共赢的局面。在按照合同行事的基础上，还需要互相信任，尽到义务。双方共同参与寻找改进和创新的机会点，能够通过信息、知识、智慧分享，定期交流，共同持续改进目标。这种协作型关系的特点如下：

- 双方共同追求更高效率和竞争力。
- 采购方和供应商共同制订未来计划。
- 双方拥有一致目标。
- 采购方与供应商之间达成共识，为了更加有竞争力，应该共同努力消除供应链的浪费和冗余。

● 追求供应链间信息公开透明化。

● 双方增加互相的理解，努力达成或超越期望。

● 双方平等互惠，采购方不会采用高人一等的甲方思维来对待供应商。

● 双方透明化还体现在对于"退出"的战略和机制，能够共同制定规则并达成一致。

（3）伙伴型关系中，双方高度合作承诺，具有以长期目标位导向的战略意义。供应商被看作为组织竞争优势和未来计划的不可或缺部分。双方致力于长期合作关系，追求内外部供应链的能力和有效性的提升。伙伴型关系的特点如下：

● 双方高层握手、承诺和定期交流。

● 相关专业职能渗透式参与。

● 双方新产品设计的早期参与协作。

● 双方知识共享，成本数据公开。

● 供应商会主动改善伙伴关系，主动发现问题，而不是在问题产生时才被动进行处理。

● 强调全面质量管理，强调通过合作达到质量最优和持续改进。

● 利用信息化手段实现双方系统对接和集成，共享市场、订单、库存信息。

2.5.2　供应商关系的发展及驱动

对供应商来说，发展越为紧密的关系，所需投入的人力、物力就越多，而将有限的资源投入到所有关系中是不切实际的，但是，采用紧密合作关系必定会给企业带来利润以外的其他无形的好处，对于合作伙伴的共同发展或者说供应商的长远利益是有帮助的。长期伙伴关系考量几大驱动：

（1）强有力的沟通。规模量产的产品快速进入市场也快速被淘汰，产品的生命周期大幅度缩短，供应商需要更迅速地进行产品开发、推动产品更新换代。快速响应、无缝沟通甚至于超前引导客户进行定制化或客制化可以给供应商带来更长远的利益。

（2）信息的透明化。组织与组织间交互信息，使需求和过程性指标更透明,能够掌握需求方的生产消耗及发展计划对供应商来说就可以获得更多的潜在市场需求。

(3)高质量的控制。出于成本的考量,很多供应商会将非核心活动外包给承包商,使自己的精力集中在显著的核心活动中。这就需要与客户紧密合作,以便及时掌控输出的质量、客户满意度和潜在声誉的管控。

(4)供应链的实践。供应链管理中包含了全程全面质量管理,对供需双方的全面配合以提高对生产运营的响应度至关重要,在供应链中的参与度既可以减少环节浪费、冗余流程、缩短延迟、降低库存,又会使双方的团队、流程、计划更紧密地协同。最终形成相互依赖相互依存的关系,增加合作粘度。

2.5.3 供应商关系的管理与控制

要将供需双方的关系从纯"利润"关系转化成纯"利益"关系,需要对供应商的长短期行为进行管控。通过实时的评价输出来引导供应商行为朝着有利于公司生产运营的方向发展。后续将在"4.2 优胜劣汰——综合评估机制"中展开,在此不再赘述。

VMI管理能获得供应商的支持,正是说明双方从单纯的"利润"关系走向了"利益"关系。供应商在 VMI 管理模式中也同样获得了长远利益,所以会在后续的支持中更为给力。在传统采购模式下,我们公司采用单纯以量压价的方式进行供应商选择,双方关系体现为"交易型关系",彼此压价。但这一模式下,看似甲方得利了,可以用低价格获得服务,事实上,服务品质却下降了。比如,在供货上延迟,在质量上降低材质质量等。当我们应用 VMI 管理模式时,我们将规模效益好的订单分配给合作密切响应度高的供应商,响应延迟和供货质量都得到保证了,供应商在获得规模效益订单时内部生产模式也从零散接单转变为规模接单,生产更有规律和效益。通过不断向规模效益方向努力,供应商能够给到公司的价格也会持续下降,这样彼此的利益模式就转变成了"协作型关系"和"伙伴型关系"。

第三章 VMI 管理下的角色转变

为什么要转变？什么样的压力和什么样的环境促成了这个转变？

对很多企业来说，除了宏观上的驱动力来自于管理模式转变的需要，微观上的驱动力来自于哪里呢？

"价格"是采购在同质化竞争下希望获得的最关键因素，同质量规模化商品，价格最低就最有优势。

供应商生产规模与成本价格成反比，需求规模越大，价格越低。但是，这个过程意味着上游企业为了达到规模最优的临界值，一般需要囤积库存。那么采购方希望获得的低价保质产品，其价格必须要覆盖供应商为了低价规模生产额外支付的库存成本，否则上游企业往往由于预测过度，出现"牛鞭效应"，大量生产后形成库存积压，仓储成本和货物积压的成本反而高于因为降价多获得订单的销售收入，最终形成亏损。所以，对需求预测能力不足的风险是不敢开足马力大生产进行降价的主要原因。

单一从"价格"因素着手管理供应商，常常会出现挤出优质供应商的结果。一些踏实的供应商在没有规模性订单前不敢报低价，而报了低价的供应商在实际使用过程中无法规模性供货。那么在招投标或者认证过程中常会出现一种现象，一些并不务实的供应商为了打开市场以偏离实际的低价去投标，而从实际出发又具备快速供货能力的供应商以真实的价格去投标，由于在招标过程中价格起到了决定性作用，那些报低价的供应商中标后并不能快速高质地响应生产，最终，必然产生管理中的混乱和低效。

那么我们要解决的核心问题就是：如何在价格和响应之间寻找到平衡点，并通过流程的持续改进来推动我们的供应商形成规模后将规模效益的利益共享给大家,从而回过头来能获得流程改进所带来的价格让利。

在每个订单传递的过程中是否能挖掘出潜在生产规模,能否通过科学管理来预测出准确的生产规模,避免不确定性带来的这种"牛鞭效应",从而降低生产成本呢?

答案是肯定的。

我们曾采用没有任何风险最稳妥的方法,没有预测,按立项项目下单,每月两次收集各生产线的需求,汇总已发生的整体需求,然后根据批量的需求进行原材料的分解下单,待下达采购指令后,供应商准备供货。这相对原来每天十几个项目分别下单有了很大的进步。

这个化零为整的方法,使效率有了比较大的提升。供应商们的配合效率比之前一个个项目分别下单的方式大有提升,因为半个月的订单量有了一定的规模,对供应商来说积极性被激发了,他们不再需要为了 200 米电缆的订单,去准备物料,排产过程中因为更替色盘还要浪费前 200 米的废料。逐单生产不具备规模效应,会使流水线上的生产有很大的浪费。由于半个月的需求集结,一次生产的规模可以增加,更换型号、色盘等模具造成的成本可以摊薄,加上运输装车费用也可以摊薄,供应商供货的积极性必将大为提高。

但是半个月集中一批下单,仍然会让前端建设条线的项目经理们发怵,他们巴不得今天提出需求明天就能拿到货。分区的负责人们常在沟通会上诟病采购,如果从一个批次收集信息第一天开始等待,光是汇总信息就要间隔 15 天,等下达采购指令到供应商收到指令确认发货,短则 2 天到 3 天,长则 15 天,整个等待周期仍然需要 20 天到 30 天,虽然比起以前逐单采购毫无确定性最长两三个月都拿不到货的情况有了比较大的改善,但是要快速响应前端并且在建设过程中要配合一些重大市政项目的进度,这样的到货周期仍然是"急惊风撞着慢郎中"。

为了保障生产效率,我们尝试把一月两次的周期改成一周一次的方式,试图通过缩短下单周期,缩短为前端供货的周期。而这个调整并没有多大的效果。仍然有 30% 左右的订单会超过 15 天才能到货。与供应商共同探讨这个问题发现,不管我们的下单周期怎么变化,厂商的排产周期不会为我们一家公司做调整,供应商的销售人员在报送计划时也只能按照我们给出的量去向他们的工厂下单,如果我们在排产周期以外增加额外的数量,那么销售人员最大的权限也只能从别人的手上抢下货提前先配合我们。这需要销售人员做很多附加的灵活调整的工作,对销售人员而言做不到每次都神通广大,在内部管理中突破规则也并不被鼓励。那么,长此以往,销售人员只能用他们的硬性规定来抗拒我们的非分要求,即便我们是甲方。

一边是越大规模越有供货积极性,一边是响应越快越高的满意度,如果快了就没了量,如果要量就需要周期来积攒,供应链夹在了中间,要找到合适的方法来解决这个两难的问题。

对于供应商来说大规模的需求量是他们的驱动根本,但是第一次公司尝试备货方式失败了,虽然供货量大,但是这个数量是由供应商自己揣测的,这个过程没有进行严格的控制和确认,也没有我们公司内部的生产体量和消耗实际数据,所以大规模生产变成了证实了"牛鞭效应"教训。

要实现大规模需求量下单,同时要快速响应生产一线的节奏,我们要用一个科学管理的 VMI 仓库来解决这个矛盾。

这就好比改革开放前,我们大家都是发了工资才能去消费,银行只有存钱取钱的功能,如果急需用钱,要写个借条给亲朋好友,运气好能借到钱,运气不好连看病的本钱都没有。这和我们传统订单管理方式极为相似,只有我们给供应商下了单,供应商才能把货送过来,如果紧急要货又没有在统一下单时提交订单,供应商销售生产跟不上就只能向别的地区借量来满足,如果大家都估计不足,那就只能傻等下一个周期了。

经济发展了,银行的功能齐全了,我们可以用个人信用,如果有急事要打钱可以向银行贷款,如果出于理财需要平日可以用个人信用消费。那么关键在于,只要银行系统能把控好货币宽松的度,就能把潜在的需求以更快的速度转化成经济增长率。如果银行的货币宽松节奏过大,就会导致通货膨胀,而过于紧绷,就会导致经济萧条。

现在,我们将这个概念引入到供应链管理中,当有一个 VMI 仓库,就相当于供应商提供了信用额度,放置了一部分提前量在 VMI 仓库里,我们就不用再愁供货时效的问题了,同时供应商有一定的信用额度,他可以按照一定的规模来供货,就能相应地降低其生产成本。通过"信用额度"的方式,我们可以把天平的两端都兼顾到。

3.1　VMI 管理的主旨原则

一是自愿原则。在自愿不强迫的前提下，签订权利责任协议书，协议的内容由彼此共同讨论设定，确保双方的顾虑能在协议中得到保障，避免风险带来的任何一方的利益损失。

二是自主原则。设定公平公正的优胜劣汰规则，通过供应商自主经营的指标绩效来赢得供货量，避免人为因素的干预，建立健康的竞争环境。

三是互惠原则。通过管理模式转变，提升彼此管理效率，减少沟通成本，通过化零为整的策略，使内部流程实现最优效益，通过生产计划模型，实现最小面积最优周转。

四是互动原则。VMI 管理是对供应链管理的流程再造，是将公司制度下各自界限打破重新分配彼此的工作，改变各角色原来受限的责任，打通各自内部系统的接口，使生产流程贯通供求双方的管理创新。其成功的基础在于相互信任。合作时双方都需采取积极响应的态度，以实现快速反应，努力降低因信息不畅而引起的库存过高或过低的状况。

可以从表 3-1 看出三方权责的变化。我们把主动权交给了供应商。

表 3-1　供应链三方权责变化

职　责	原模式下			VMI 模式下		
	供应商	仓库	主顾	供应商	仓库	主顾
需求预测			√	√		
安全线设定			√	√		
提供预约单信息系统			√		√	
VMI 库物资盘点		√	√	√	√	
账务月清月结	√	√	√	√	√	
物资型号匹配			√	√		√
提升前置库利用率及周转率		√	√	√	√	√

VMI 管理模式下，会使各项环节的职责发生变化。因为这一模式的定义就是由供应商管理的仓库。对于需求方来说就是将仓库管理外包给

了供应商。

需求方不再是全能选手,他更关注如何应用他的考核权将更大销售额的单品分配给表现更完美的供应商,由此他从选手变成了裁判。

供应商不再是一个交易里手,只关注落单和回款,他将转变为生产线上的协调者,从预测计划到送货协调再到账实盘点,完全可由他自己来掌控。

仓储不再是闭门造车,不再只看着出入库数量,不再只关心月末的盘点,仓储相关人员由此可利用数据的价值,并学会用数据运营来提升周转率,用最小的仓储单元来创造最大的周转比例。

3.2　供应商职能转变

传统的供应链管理模式,供应商总是在等订单。供应商的销售对自身公司的认识往往停留在对产品的认知上。

销售者的局限性导致他们在与客户沟通时往往不能深入,他们总是单方面地推介自己的产品性价比有多高,但是在同质同价的情况下,他们的介绍就显得苍白。

对于公司采购来说评估一家供应商的资格,并不只用产品质量、价格这两个指标,当然这两个指标所占比重是最高的。对于采购要评估一家公司,他往往还要看到哪些供应商能化解自己的压力,因为作为公司的对外窗口,他需要把供应商的效用挖潜到最大化来配合公司内部的管理。

采购会关心的问题包括:

- 销售是否靠谱,销售每月出现的频次多少,承诺是否都能兑现?
- 急需的货物,对方能随叫随到否?
- 销售的台账管得清晰吗,能作为彼此数据核对依据否?
- 销售在其公司内部的地位是否有发言权,能否协调一些特殊情况?
- 厂商的内部管理流程是否先进,有借鉴和学习的优势吗?
- 厂商的资源是否能成为公司业务拓展的互补优势?
- ……

传统的供应链管理模式下,采购和销售这对角色更类似于指导与被指导关系,供应商总是要在采购人员的指导下进行操作,同时,采购人员总是要各种操心,细到每个订单是不是及时到单了? 账单发票是不是及时开具了? 库存还剩了多少是不是又买多了? 销售人员只关心接单和收款这两件事情。

在"自愿参与、自主经营、信息共享"的大前提下,供应商可以参与到需求收集的过程中,从原来等待订单的单一职能中脱离出来,成为全供应链上的多个环节的把控者,其角色转变得更为自主了。通过信息共享,供应商也不再是被动等待,可以更主动地分析数据、预测数据,还可以提前收集数据。

围绕供货到货时效和到货后账实相符这两个核心问题,供应商要自动关注每一个订单从发起到收钱的闭环,也要关注自己所设定的计划额度是否能满足最大量的订单而不导致订单丢失,还要关心自己提前放置的库存消化的节奏是否存在长期未被消化的库存。

这一转变正是 VMI 管理改变了管理顺序所导致的。

传统仓库管理,供应商到货交付后就等着收款,所以供应商只关心什么时候要货和什么时候收钱。但 VMI 管理方式下,供应商的货放到仓库后还未实现真正意义上销售,只有等到这批货物转化为正式订单时才算交付可以转化为回款,所以供应商很关心这期间的消耗周期有多久,而这个周期正是由供应商自身排产周期内消耗体量预测值来决定的。如果供应商排产周期越长,那么需要预先准备的数量会越多,实际消化周期也会越长;如果预测数量偏离度越大,那么下一期订单启动时间就会越不稳定。所以,供应商就必须把控这个节奏也必须兑现承诺进行交付,否则就会由于失误带来供货不足而影响需求方,也同时影响到自己的绩效。

综上,原本采购担忧的事情都转变成供应商需要自己关注的事情。此时的采购人员不再被繁琐的事务性工作牵绊,采购人员可以留出更多的时间去评估考核供应商的管控能力,供应商从销售到其工厂的协同能力都可以通过采购人员设定的指标充分体现。

3.3　仓库职能转变

传统的仓库管理关注的仅仅是账实一致性,建立完善的出入库流程和盘点机制,有些独善其身而总是置身世外的感觉。所以这个独立的体系往往不被领导重视,创造业绩和创造利润都和这么个小职能没有太大关系。

仓库管理人员会觉得自己的工作非常艰辛而不被理解。当周转量非常大,品类非常多时,仓库人员的工作量很大,并且经常会根据工程紧急程度加班加点,刮风下雨也会牵动着仓库管理员的神经,这个工作需要的是责任心和耐心。

但是,仓库就仅仅是个成本中心吗?当京东做出了"一天到货"的承诺后,在中国大大小小的物流业这个极为不被人重视的行业,突然变得高大上起来,他们投入了各种现代化手段来打造仓库和配送流程,效率提升使京东形象提升,无形资产升值,仓库的投入似乎不是只能充当成本中心。

速战速决,孙子兵法的第二大篇《作战篇》开头就提到:"凡用兵之法,驰车千驷,革车千乘,带甲十万,千里馈粮,内外之费,宾客之用,胶漆之材,车甲之奉,日费千金,然后十万之师举矣。其用战也胜,久则钝兵挫锐,攻城则力屈,久暴师则国用不足。"体现出供应链也是决战胜败的重要组成部分,而且地位高到孙子十三篇中位列第二篇。如果仓库管理的关注维度仅停留在"账实一致"上,是不可能支撑大局的。

VMI仓库的仓库主任要玩转的是怎样在有限的面积空间里实现最大效率的周转。周转率高,意味着高效支撑,高效意味着创收的速度更快,仓库良好的运转带来更快的收入速度。面积控制意味着投入的下降。

所以新模式下的仓库主任,不能只停留在存货的账实是否一致,他要把每天每品类的流水进行统计分析,从数据中分析出安全生产线设定标准,这个标准能使仓库面积即使不相应扩大,也能使出货无需等待。仓库主任除了是一名大数据分析师外,也要是一名系统规划师,对于货架目视设计摆放规则要有系统科学的安排,并要将这些信息以最有效的方式传递出去,实现与供应商之间的快速协同。

以Costco这家仓库式的超市经营模式为例,Costco活跃SKU(库存控制的最小可用单位,也就是品类)只有3800个,这相当于沃尔玛的十分之一。这意味着,在它家每个细分商品只有2、3种选择,只有具备"爆款"属性的商品才被允许上架。这就是仓库主任的资源控制,通过降低品类数量来减少库存占用资源,可以减少因品类过多存在的余量积压,更可以减少因为条目数过多带来的工作量。见图3-1。

图 3-1　COSTCO 内景

　　比如它的微波炉只会选低、中、高档三款产品,牙膏也不过几种品牌。这种做法的好处是单品备货规模极大,自然能从供应商那里争取更大的议价空间。Costco 拿货价都远低于其他批发商,这样给到消费者的价格就更低了,同时也节约了他们的选择成本。这相当于仓库主任的安全生产线可以因为品类减少而设得更高些,有更多的空间可以放置单品,那么该单品的供应商会非常积极主动地配合仓库主任及时进货并进行账务核对。在多家公司同时竞争要货的情况下,供应商也会更积极地来配合量大有规模的需求并提供更低的价格。

　　在美国,电商的崛起让实体商家叫苦不迭,沃尔玛、梅西百货等品牌纷纷陷入负增长态势。然而 Costco 却以独特的低毛利模式成功抵御了零售业的衰退,把美国人的线下购物变成了一种信仰。也许小米总裁"雷布斯"有一句话说中了:"进了 Costco,不用挑、不用看价钱,只要闭上眼睛买,这是一种信仰!"那么好的仓库主任,就是让公司"不用等、不用担心爆仓,闭上眼睛提需求,这是一种信仰!"

3.4 采购人员职能转变

现代汽车是韩国最富商业传奇色彩的商业巨子郑周永先生打造在 1967 年一手创办的韩国最大汽车企业,其年产能 145 万辆,从轿车、客车、货车到特种车各种车型。与全球其他领先的汽车公司相比,现代汽车历史虽短,却浓缩了汽车产业的发展史,它从建立工厂到能够独立自主开发车型仅用了 18 年(1967—1985 年),并且在 2006 年在全球汽车销售排名榜上已名列第 6 位。在其供应商选择战略上,采用"两倍供应来源"的战略,即供应来源通常是采购量的两到三倍。现代汽车会用独特的方式来评价每个供应商,通过这套评价方式可以帮助供应商改进提升自身能力,从而在全球舞台上拥有更多的竞争优势。

对于现代汽车来说,在其成长的环境和时代,韩国本土的供应商能力与同行业世界领先者相比差距很大,供应商的原材料质量和服务决定了最终产品质量,现代汽车许多重要活动与供应商管理相关,如果现代汽车的志向是要在全世界范围内领先,就必须引领供应链厂家共同成长。现代汽车的高层共识:选择供应商的基础是供应商的长期能力,而不是在某个时间需要购买的产品。所以现代汽车对供应商的管理不断趋向于(见图3-2)

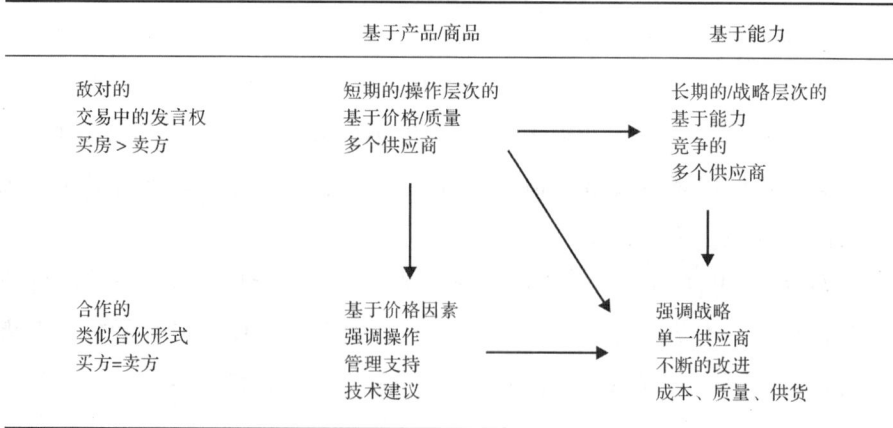

基于产品/商品		基于能力
敌对的 交易中的发言权 买房 > 卖方	短期的/操作层次的 基于价格/质量 多个供应商	长期的/战略层次的 基于能力 竞争的 多个供应商
合作的 类似合伙形式 买方=卖方	基于价格因素 强调操作 管理支持 技术建议	强调战略 单一供应商 不断的改进 成本、质量、供货

图 3-2 现代汽车供应商关系成长趋势

资料来源:理查德 B 蔡斯、罗伯特·雅各布斯、巴古拉·阿奎拉诺《运营管理》(第 11 版)

——强战略管理,单一供应商,不断地改进成本、质量、供货。现代汽车对供应商的考评体系见表3-2。

表3-2 现代汽车对供应商的考评指标体系

	评估项	分数
管理(20%)	稳定性	4
	发展	4
	行动	4
	绩效 p	4
	生产力	4
	其他	变量
技术发展(25%)	A8o	5
	产品发展能力	15
	制造能力	5
	生产计划	3
	2 by 2	5
	车间管理	3
	SS	5
	任务管理	3
	防火	1.5
	计算机化的程度	1.5
质量管理(25%)	次品率	3
	质量保证	3
	外包	3
	工艺管理	3
	产品管理	3
	可靠性	3
	建议系统	2
	国内应用服务(A/S)	3
	国外应用服务(A/S)	5
激励(5%)	专利	2
	100ppm	1
	ISO	1
	出口	1

　　在传统的管理模式下,需求方对于规模性采购更关注在多家供应商中进行选择,也就是现代汽车高层所说的购买产品,却忽视对于供应商长期能力的培养。所以很多企业采购的环节中对于后评估和履约违约多采用定性而非定量的方式,这种模式引导供应商的销售使用短期营销方式来取得入围资格,而销售不注重在后期供货过程中各种问题的跟进反馈,对其所服务的公司获得客户信赖和自我提升出现响应脱节。这既不利于供应商关系的长期合作,也不利于其服务公司自身的成长。入围的选择行为是短期的,而使用下单的行为却是长期的,传统管理模式下,企业在供应商入围后,就按照份额或区域方式进行需求量分配,但供应商能力参差不齐,在份额使用完毕前采购单位将采购结果移交给使用单位,使用单位没有选择变更的权力,供应商单纯以低价获得的标的,可能在后续使用过程中出现很多服务和质量问题,这会造成使用单位与采购单位之间的矛盾。究其根本,采购的流程偏重于前端购买决策而不关注后期使用效果。

　　VMI 管理的过程更注重对于供应商的评价,对每一次的供货效率、质量、服务做出评估,通过合理的评价体系来决策后续的规模数量赋给谁。这与传统的按照份额执行或凭订单人员随机选择相比,更能与公司战略紧密关联,通过优胜劣汰和正向引导方式,使优质供应商胜出。

　　在 VMI 管理模式下,采购人员更关注生产过程中的反馈,跟踪实际使用的各项量化指标,应用现代化手段,通过实效数据反映供应商实力。采购人员的专业性大大增强,不仅是买手,更是评委,对供应商的能耐了如指掌,供应商就好比一个个选手,任凭采购人员火眼金睛进行选择。当采购人员的选择专业性更强时,对于企业的生产能力会更有效的帮助。

第四章　VMI重点流程

4.1　需求研究——安全生产线设定

对于供应链来说,研究的核心效率问题:如何在无限扩张的需求面前不断控制仓位。在VMI仓库管理模式下,安全生产线设定需要解决两个主要问题。

(1)谁来设定?

(2)如何设定?

在VMI仓库管理中,谁是主角。毫无疑问,所谓的VMI,就是由供应商管理的仓库,那么这个设定主体应该是供应商。但问题是在实际操作过程中,核心仓储的面积是不能无限扩张的,当需求量快速上升趋势下,供应商会为了做整单希望切块的频次越少越好,因为一周发一次货和一月发一次货相比,一定是一月发一次货更有利于供应商,他的排产量和频次以及配送装卸频次都可以更有规模效益。可是仓库面积有限,堆放一个月的多品种物资,需要把最高水位抬得非常高,而消化到最后一天空仓,意味着平均每天都是半仓,那么仓库周转效率其实并不高。

所以这个过程并非任凭由供应商自行设定安全库存,而是由仓库管理参与下进行协同,共同推算合理的频次和最优的仓库水位。

如何来设定水位线呢? 这个问题是VMI仓库是否严丝合缝、恰到好处的核心问题,也是其要不断优化改进的专业问题。

以5G大建设的实践为例。

跨期从2019—2021年的第一期5G建设规模之大,远远超出了过去5年的总和。同时,为应对工业互联网、物联网应用的发展,5G基站建设持续之久,也可能将会在一波又一波的创新应用推波助澜时不断超越计划预期。应当说,5G基站建设越是全面深入推进,就越是有层出不穷的应用在绽放生机。

当视线停驻在应用层面五花八门的同时,内核的运转已积聚了巨大的压力,对运营商而言,有以下几个方面:

一是5G基站规模大、投资大、运营成本大在短期内是很难克服的。从布局看,基站布网要达到从方圆500米缩进到200米的密度;从单站投入看,引电成本成为制约其规模建设的最大阻力,电力成本可能使站点建设成本翻番;从耗费看,就目前的技术,一个5G站的功耗相当于1个5P空调。所以,当建设5G基站时,站址获取的不确定性、引电周期的不确定性和站点效益的不确定性造成了建设计划的不确定性。

二是当通信发展从供给推动向需求拉动转变时,应对市场变化成为这个传统大基建行业的新使命,用大开大合的方式做通信覆盖会造成巨大浪费,资源投向需与市场需求紧密结合。传统业务日趋饱和,新兴应用更需要与专业行业结合,这类需求和个人语音通信市场的发展很大不同,需要深耕市场。所以新的建设方式,不可能停留在过去的计划型推土机式的大运动方式。

三是供应链的两头牵着应用与供货,而当前这首尾两头均处于技术快速迭代的状态,这给供应链带来了极大的茫然,冒进可能会掉进"牛鞭"效应的坑里,过度谨慎可能会无法应对突发上量错失机会,所以5G建设投资也面临整个供应链同时也在承受更难更大的决策压力。

在此胶着和变化之际,供应链的精细运作和策略调整尤为关键,它可以使通信运营商及其供应链,在避免投资浪费的同时紧跟生产节奏,使供应链上各个参与者都能在精细管理改进过程中获益。

先来看当前各种广泛应用的物资管理模式:在这里说不上是供应链管理,而只能说是物资管理,因为各个环节都是割裂的、缺乏联动和协同的。归纳起来有批量计划型(偏重于总量控制)、按需下单型(偏重于过程控制)和备货型(偏重于时效控制)三种较传统方式。传统管理对各个环节的参与者侧重点会有所偏重,导致链条上的需求方、仓储方、配送物流方和供应方都只在自己的职能范围中无法施展,整条供应链无法产生快速联动的价值。

一是批量采购模式,就是按照对下一周期建设计划的预测数量进行订货。该方式的优势为订货频次便于掌控,可以集中化下单工作量较小,供应商可以整单筹备,具有规模效应。但其缺点也非常明显,由于计划周期越长工作量会越小,所以应对主动规划可以进行正向或反向调节,而如果要被动应对需求或需求量有临时变化时,固化的周期就会形成建设阻力,往往会导致预估不足而拖延工期。另外,如果计划能力不足,由于所预测的周期长并且周期固化,也可能导致仓库积压,周转率下降。

二是按单采购模式,就是按照每个实际单项的需求进行订货。该方式的优势是能按实际需求订货,不会出现超订,每个订单都能追溯起因便于后期的核实,能实现规范操作的目标。但是从效率和集约的角度来说,这种模式管理成本非常高,而且供应商的生产周期不可能做到不规则的JIT,峰谷不规则,因而可能会导致"牛鞭效应"。并且从供应链整体成本来看,生产、配送、仓储以及各环节的沟通成本都会因为频次增加而上升。

三是提前备货模式,就是按照定期的预测量提前预约订货,当实际有需求时直接从仓库取货,因此前置了从订单到仓储收货的流程。其优点体现在供货效率可以有效改善。但从规范性角度来说,由于备货时供应商将物资转移至了客户的仓库,实质上已经实现了从存货到商品的转换,也就已经实现了销售行为,但是由于缺乏保障和管理,客户侧只关注到货情况而不关注何时订单完结付款,这就导致大量的长期应付款,从而对供应商的业绩产生很大影响。粗放的提前备货模式只对客户侧更有利,供应商只能祈祷所遇到的客户不会强行延长周期或在支付上打折。因此,提前备货模式单方面有利于需求方,在操作上如果缺乏规范精益管理,在甲乙双方伙伴关系上缺乏平等性,就难以持续推进。备货这一方式需要建立在供需双方配合联动和信息透明的基础上推进,如果只是需求方为了满足生产进行单方面的管理,供给方没有积极性,一样会出现供货节奏紊乱,并造成库存积压和生产响应失控的局面。见表4-1。

表 4-1　物流管理的三种模型

物资管理模式	计划性强	灵活性强	成本低	仓库压力小	响应及时
批量采购模式	●	○	●	○	○
按单采购模式	○	●	○	○	○
提前备货模式	○	○	●	○	●

综上，这些模式都偏重于某种目标，但进而又带来了其他方面的问题。因为这些方式并没有站高望远从整体前瞻性地来解决当前的困境。

科学地采用 VMI 补货策略，能够高效而精准地解决了供应链上存在的"效率和积压"这对矛盾，但从一个传统仓库转化为 VMI 仓库需要各项准备和推进工作。

首先，从传统仓库管理模式的劣势分析开始，梳理其存量库存和 SKU（品类细分）清单。传统仓库管理处于被动接收各种需求的地位，对于库存物资逆来顺受，由于技术更新、计划波动、供应商更换、物资回退等原因，久而久之，仓库就变成了杂货铺，积压闲置的物资种类会很多，并占据仓库资源。所以要推行 VMI 仓库管理，仓库角色必须要由被动物资接收向主动计划制定转换。梳理库存 SKU，将闲置、偶发、高频物资进行整理，对同类可以替代物资进行整顿，整理、整顿的目标是将 SKU 的利用率提高、SKU 的数量降低，以此来提供仓库的管理效率。整理、整顿的过程需要前端需求端的密切配合，通过日常的项目需求消化掉闲置库存和可替代库存，最终将常用快速周转的 SKU 控制到较高水平。通过这一整理整顿工作，仓库的管理职责跨前一步，仓库管理必须参与到后期 SKU 更新和跟进的工作中，确保之前的努力能持之以恒。

其次，从仓库的功能结构入手，细分各个逻辑环节，并确保能涵盖所有的仓库流转环节，包括所有正向和逆向的流程。VMI 管理的效果与仓库精细化的程度密切相关。初步推进 VMI 管理时，必须要改变原来仓库粗放管理的习惯，将仓库每一个流程甄别出来。如采购物资入库环节，在原传统模式下只存在单一的入库方式，或以订单或以备货单方式，但是推行 VMI 管理后，由于该规则不可能一蹴而就，就会存在两个模式同时运转的状况，因此入库时就要区分订单下单入库和前置预约单下单入库，不同的入库类别对应不同的库位、系统逻辑仓位和后期流转过程以及盘点方式。再如现场退库入库环节，在原传统模式下对于退库入库物资一般比较粗放对待，由于退库物资种类繁多且零散，操作人员会从简便不费力的角度考量，单独将退库物资集中放置在某个功能区域，但这种方式时间久了会造成退库物资积压。VMI 管理注重 SKU 精细化区隔，因此对于退库物资的处理方式会采取按照 SKU 摆放，并将其放置在自有库的物资周转区，这就意味着在仓库的管理中可以一眼区分出各类物资的逻辑库龄，不仅物资按照品类认真整理，还要按照权责归属关系和入库逻辑被严格看管。

第三，从与仓库相关的对象入手，明确各对象的作业标准。有人会说

VMI 管理不就是备货吗，不就是提前把货放在仓库里吗？这个认知是知其然而不知其所以然。在备货管理方式下，供应商仍然只担任接单发货和等待货物转换成账单收入。在货物到库一直到账单开票收款的中间环节都是由需求方操作。但 VMI 管理中的供应商是全过程参与的。在到货之后，供应商要获得订单需求并处理订单发货的虚拟流程，这个流程化整为零，一个到货批次会切分成实际订单需求量，所以供应商通过数量稽核可以知道自己发出的前置物资转化成实际需求的周期和频次，并且还可以和货架上的余额匹配来进行流水的盘点。批量到货与订单需求转化的环节，需求方与供应商和仓库要做密切的操作配合。

第四，建立实时沟通机制，确保各方信息畅通。正是因为 VMI 管理的精益要求和协同至上原则，从 SKU 细分、库位库区重构、入库流程规范着手使仓库里的物资具备了类型、时空、归属、环节、数量的特征，因此物资就具备了可以被甄别读取的信息特点，在此基础上构建的信息内容可以被每一个相关角色及时调取，并且由于点对多及时通信工具也使这些信息发布变得简单。供应商、需求方、操作者、管理者可以同时获得一致的透明信息，供需双方也就能消除沟通壁垒，平等地参与到预约计划制定和各管理环节优化的过程中。

最后，做好协议和目标监控，消除供应商顾虑，顺利推广 VMI。落地过程中不可避免需要提高供应商参与积极性，最重要的就是解决供应商的顾虑。对于前置在仓库的物资，供应商最为关心的是这些物资是否能尽快并全量转化成实际收款。因此，为保障供需双方的利益，签订互惠互利的协议是十分必要的。这个时间和数量约定既是对供应商的利益保障，更是对需求方持续推广 VMI 应用的目标设定，围绕这一目标，才能促使需求方不断进行自我优化和自我约束。就像信用卡会有每月授信额度一样，这个目标也相当于是供应商提供的授信额度。

在上述准备工作一切就绪后，就需要能根据自身建设特点来合理安排补货的安全水位线。面对的核心问题就是协同计划、预测与补货（CPFR：Collaborative Planning Forecast and Replenishment）这一精益管理策略。

为了能更及时地满足需求的同时充分利用仓库的空间，提高库存周转率，我们采用的安全水位线模式，由仓库人员和供应商共同按照每两周的需求量叠加排产周期覆盖时间的需求量作为最高水位线，以两周需求量为最低水位线进行设定。用高低水位线的方式可以有效平衡仓位和效率。最高水位线设定可以避免入库货物过多而发生爆仓，最低水位线可以避免供应商供货不足时能够有足够时间进行补救不至于断供。

这个方式和大部分厂商一月排产两次的惯例基本均能配合。但也有特殊情况,例如,部分供应商是一月一次排产,那么为了确保仓库水位不要过高,提高周转率为目标,我们会提交对方一个月的需求预测量,由其按一月两次的频次补足库存,这么做虽然会在时效性上打折扣,但也是供应商能够配合前置库做出的最大让步了。

其实在优秀的快消品公司仓储策略运用中,通过合理预测可以玩转备货周转效率,给资金、仓库面积等资源减少压力,使这些资源能发挥出更大价值。

作为快消品的荷兰啤酒公司海涅根指出,如果它能够缩短预测提前期,它就能从周转库存过程中的省下一大笔钱。根据 HOPS(海涅根系统),将系统总库存从 16~18 周(即 4 个月)减少到 4~6 周,实现了时间上缩短,现金流增加,预测更精准的效果。同时附带的好处是,海涅根的销售人员工作效率大幅提升。因为他们不必处理检查大量库存和预测不准带来的协调问题,他们可以集中精力协助需求方更好地管理配送效率。

协同计划、预测与补货这一精益管理策略的核心在于,如何评估预测需求量和科学的订单分配,这就需要构建一套具备供应商绩效考核、需求响应全流程跟踪以及可视化仓位等三大功能的系统。该系统的最大特点就是能够实现"实时响应、全程可溯、远程可视"。后续篇章将展开这三大功能的建设方案实践和侧重点。

5G 建设的波动性,给 VMI 的安全水位线设定带来较大的难度,当某一段时间的需求量达到正常时间段的 3 倍甚至 5 倍及以上,并且这个时间会持续多久不能预先掌握,那么如果突然间建设量进入停滞期,这个上升的安全线最终也要通过时间去消化。对于这个难点,需要通过不断沟通协同,攻坚克难来找到好的应对方案。借鉴其他快消行业的标杆企业,在预测计划方面还是有很多可以探索的做法。在此以京东定时送达服务为标杆,来说明整个 VMI 精益管理的总体运营架构和重点流程环节,以此来展开一个全景视图。通过此案例,也可以非常清晰地看到快消电商运营平台如何进行需求收集和预测。

京东快递于 2007 年开始建设自有物流体系,2009 年斥巨资成立物流公司,建立覆盖全国的物流配送体系。近几年,京东商城先后在北京、上海、广州、成都、武汉、沈阳建立六大物流中心,并在个别城市建立二级库房。2010 年建立的"华东物流仓储中心"现如今承担京东商城一半以上的物流配送任务,成为京东商城目前最大的仓储中心。随着物流市场的不断壮大,京东商城应运推出"211 限时达"的物流配送服务,使物流配送更加高效。京东采用 FBP 配送模式为主,LBP、SOP、SOPL 模式为辅的供应链策略。

FBP 配送模式,是一种全托管式的物流配送模式。其仓储方的管理方式就是 VMI 管理模式。商家与京东商城确定合作后,商家在京东商城上传店铺信息和标价并进行备货,京东商城在消费者产生订单后从仓库进行调货、打印发票,同时进行货物的配送,京东结束交易后与商家进行结算。京东商城根据消费者订单进行货物配送和开具发票,商家查看库存信息及时进行补货。从而在配送过程中减少货物运输的成本,减少物流配送成本。由于商家提前进行备货,京东商城能够第一时间进行货物配送,缩短配送时间,做到京东提出的"211 限时达"服务。

LBP、SOP、SOPL 模式是对 FBP 备货配送方式的补充,无须提前备货,均有合作商家自行发货,只是在是否开发票,是否经过仓储物流中心的流程上有所不同。也就是在供应商关系中,京东设定了不同合作紧密程度的管理流程,通过这种方式可以进行内部激励。

(节选自《京东告诉你需求预测该如何做》)

京东目前在电商行业的管理水平和层级在全国位于前列。京东自营店 2018 年的 SKU 平均管理水平可以达到 30 天。

与线下渠道合作之后,不同的行业供应链的不同痛点凸显出来。

以服装行业为例,周转天数长、退货率高、调拨频繁。

再比如汽车配件,型号繁多,补货不及时无法满足维修需要。

京东擅长的 3C 行业,供不应求容易导致滞销甚至价格暴跌,因此供应链的难点在于如何快速售卖出商品。

又如食品行业,对保质期的要求又极为严格。在消费品领域因为企业管理能力的不平衡,渠道多模式多,大量备货经常发生滞销的情况。

针对这些问题,京东通过线上和线下相结合的模式,不断探索和优化,寻求解决之道。

为做到快速周转,京东使用大数据需求预测,形成自己的一套体系。

一是采集线上的销售数据和浏览数据,对评论进行分析,收集购物车放置痕迹,与行业和媒体合作分析和理解用户的行为,并通过第三方数据公司进行行业趋势分析,同时,监控突发事件、政府政策和社会新闻,关注品类实际发生数据,这些都为需求分析提供了大数据支持。想要快速应对订单大规模爆发,就一定要做好大数据预测。

二是除了大数据预测,京东还有针对不同品类、不同场景、不同SKU(单品型号)的数据分析模型。利用预测的积累和峰值弹性,通过模型给出建议。在自成体系的大数据的基础上,达到对SKU级别的精准预测。

三是为了保证预测的准确,在京东内部,对于供应商,数据都是透明的,营销策略也是透明的,所有的协调和沟通机制也是透明的,因此,京东的预测准确率能达到95%以上,可以更准确预测单品类、单仓、单供应商,这样才可以有效地降低物流成本同时又提升用户体验。

四是需求预测与物流配送实现协同,在配送方面也离不开预测,比如每天送出多少单,配送员每天可以派送多少单,储备多少车辆,与第三方配送公司如何合作保证配送的弹性等等。

以"6.18"为例,每年"6.18"开始前的3~4个月,京东就要基于峰值库存数量、销售趋势判断、行业增长判断来进行预测。在这3~4个月的时间里,更是要基于产销和商家的营销策略来对预测进行不停地更新和修正,并细化微调库存和单量。并以这个预测作为物流体系的依据,再根据单仓的能力、订单的处理能力来预测需要的人力和运力。

京东在努力做到工厂库存、仓库库存、电商库存、经销商库存、门店库存的全透明来解决积压的产生,如果把所有库存变成盘货,订单基于这一盘货来判断,就会有两个好处。

(1)备货量不同导致的积压或断货情况将不再发生。

(2)开放的平台可以打破区域、渠道、系统的壁垒,给用户最好的体验。

这么做,可以实现用最低的成本达到最快的送达。对京东而言,周转天数、满足率、现货率、时效性都需要不断地优化和挑战,以期达到更好的协同。对个人用户的服务、对集团端客户的服务、对物流商家的服务,都有不断提升的空间。

4.2 优胜劣汰——综合评估机制

在传统供应链模式中,国内企业一般非常侧重于采购前端职能——供应商引入。

为了对企业资产更负责任,在廉洁风险上要论证引入的行为是合法可靠的,采购会投入大量精力进行引入阶段的研究和谈判执行阶段的管控。包括招投标、比选、单一来源谈判、竞价谈判、资格认证审定等。对各个企业来说,这个过程都需要被严密地规范、详实地记录,在评标谈判的过程中,各供应商也是努力在自己的材料上做足文章,以期通过一次性的评价过程来获得中选的机会。但是当采购结果公示之后,采购的任务就终了吗?使用过程只有需求部门重视,采购部门对这个过程的信息不加以归纳整理应用,对于后端职能——供应商评价却不被采购人员足够重视,这反而是引起采购与生产之间矛盾的主因。

通过一个实际案例,观察订单下单和到货时间分布,可以发现供需间不协同的几种典型表现。

如表 4-2,订单到货实际记录所示,订单下单人员根据收集统计的需求量通知供应商,但由于下单时间与供应商排产周期不匹配导致到货时间过长。如表 4-2 中第一条和后三条记录,为两个下单周期,第一条记录由于下单人员下单时 2018 年 3 月 2 日,已经在该供应商排产周期之后了,所以只能等到下半月供应商进行排产,所以其到货时间超过了半个月。又如这后三条记录,下单日期分别为 3 月 21 日、3 月 26 日、3 月 28 日,而供应商均于 4 月初提交当月上旬的生产计划,并且在同一天发货。因此,无论下单人员如何提前下单,供应商的排产日期是一定的,所以公司仍然会等到供应商排产计划下达后,才能收到货。

表 4-2　订单到货跟踪明细表(同一供应商)

订单号	产品名称	交易量	单位	含税金额	供应商	下单时间	订单状态	到货周期
PO-jtjcsd-SK3120 1803121446342017	ZA-RVV22 (3*70+1*35)	200	米	26350.74	遴选入围电缆有限公司	2018-03-02	已完成	21
PO-jtjcsd-SK3120 1803211540404448	ZA-RVV(规格型号:1*95)	200	米	9687.60	遴选入围电缆有限公司	2018-03-21	已完成	19
PO-jtjcsd-SK3120 1803261023050277	ZA-RVV(规格型号:1*50)	1000	米	25997.40	遴选入围电缆有限公司	2018-03-26	已完成	14
PO-jtjcsd-SK3120 1803281656027333	ZA-RVV(规格型号:1*95)	1500	米	72657	遴选入围电缆有限公司	2018-03-28	已完成	12

订单人员因为见到需求才下单,导致单品量规模不足,在传统模式下,

缺乏和供应商的谈判能力,加之引入供应商后,采用定额分配的模式,订单下单人员缺乏控制力,约货时限的工作比较被动。

又如表4-3记录了2018年3月所覆盖的各位供应商对于订单响应情况所示,订单下单人员在相近三天内下的订单,各供应商的排产周期不同,导致到货时间有很大差异,如果单个项目需要7/8馈线和1/2馈线,以及一些电缆,这些需求向多家不同的供应商于同一时间提出,由于他们各自的排产周期不一致,最终到货时间参差不齐,会导致开工延期。也就是说,这个不确定因素,给生产需求带来很大的影响,需求单位可能因为一个零部件缺失而待产,这样订单人员就会接收到投诉,但用传统管理模式又解决不了面临的困境。

表4-3　订单到货跟踪明细表(不同供应商)

订单号	产品名称	交易量	单位	含税金额	供应商	下单时间	订单状态	到货周期
PO-jtjcsd-SK3120 1803021451402107	7/8" 沿墙型单联(不锈钢304)	6270	个	19293.42	吴N控股集团股份有限公司	2018-03-02	已完成	20
PO-jtjcsd-SK3120 1803021452006460	馈线-1/2"-阻燃射频同轴电缆	16891	米	99207.60	N鑫科技有限公司	2018-03-02	已完成	10
PO-jtjcsd-SK3120 1803021456056523	ZA-RVV(3 * 2.5)	1000	米	4960.80	N通线缆科技有限公司	2018-03-02	已完成	14
PO-jtjcsd-SK3120 1803121446342017	ZA-RVV22 (3 * 70+1 * 35)	200	米	26350.74	中N科技装备电缆有限公司	2018-03-02	已完成	21
PO-jtjcsd-SK3120 1803121700301727	馈线-1/2"-阻燃超柔射频同轴电缆	350	米	1621.62	联N电缆科技股份有限公司	2018-03-02	已完成	3
PO-jtjcsd-SK3120 1803121702270778	馈线-1/2"-阻燃射频同轴电缆	70000	米	423423	中NN电缆有限公司	2018-03-02	已完成	3
PO-jtjcsd-SK3120 1803121702512627	馈线-1/2"-阻燃射频同轴电缆	60000	米	352404	N鑫科技有限公司	2018-03-02	已完成	8
PO-jtjcsd-SK3120 1803151655261063	1/2" N 公头(直角弯头)	800	个	5672.16	N鑫科技有限公司	2018-03-15	已完成	7
PO-jtjcsd-SK3120 1803160908047340	7/8"N公头	9000	个	75816	吴N控股集团股份有限公司	2018-03-16	已完成	10
PO-jtjcsd-SK3120 1803191041313723	ZA-RVV(规格型号:3 * 2.5)	1500	米	7441.20	N通线缆科技有限公司	2018-03-19	已完成	7

续表

订单号	产品名称	交易量	单位	含税金额	供应商	下单时间	订单状态	到货周期
PO-jtjcsd-SK3120 1803211502294353	馈线-1/2"-阻燃射频同轴电缆	25000	米	144495	联N电缆科技股份有限公司	2018-03-21	已完成	2
PO-jtjcsd-SK3120 1803211509146510	馈线连接器-7/8"N公头	1000	个	8611.20	中NN电缆有限公司	2018-03-21	已完成	2
PO-jtjcsd-SK3120 1803211540404448	ZA-RVV(规格型号:1*95)	200	米	9687.60	中N科技装备电缆有限公司	2018-03-21	已完成	19
PO-jtjcsd-SK3120 1803261023050277	ZA-RVV（规格型号：1*50)	1000	米	25997.40	中N科技装备电缆有限公司	2018-03-26	已完成	14
PO-jtjcsd-SK3120 1803281647564862	馈线卡-1/2"沿墙型单联（不锈钢304）	8280	个	31194.07	中NN电缆有限公司	2018-03-28	已完成	12
PO-jtjcsd-SK3120 1803281656027333	ZA-RVV（规格型号：1*95)	1500	米	72657	中N科技装备电缆有限公司	2018-03-28	已完成	12

如何推动实现供应商齐头并进,并能对供应商排产周期产生影响和控制?

为实现这个目标,要做到需求集中规范、单品规格规模起量,而最重要的是要通过履约指标来加以引导。通俗的话来说,就是胡萝卜加大棒。规模规整的订单对于供应商来说是非常期待和积极争取的商机,而履约过程的严格把控、全过程的量化指标和用数据说话,既是在约束供应商行为的同时也是给营商环境创造了公平公正的机制。

在设计VMI仓库流程时,对每个单品设定1~2个供应商,这类似COSTCO的窄SKU管理模式,可以降低库存量,同时因为单品的规模效益,也能拉动供应商的供货积极性。与之前完全开放5家供应商来配合每个单品相比,仓库的周转率提升了,仓库面积也可以压缩,同时供应商的生产效能和供货能力可有效提高,有利于整个供应链的共赢。

在设计VMI仓库流程时,我们将单品资格作为一个重要的筹码,除了公司采购前端引入环节使得报价胜出的供应商们入围,在后续使用环节更要通过实际表现来使价低品优的供应商能获得更多的单品供货资格。这一精益方式,能够使入围的供应商更有供货的积极性,为获得更多的份额而不是注定的份额做好提前排产计划,主动掌握并分析需求量,专注于需求预测精准性。

对每个单品我们设定 1～2 个供应商，这类似 COSTCO 的窄 SKU 管理模式，可以降低库存量，同时因为单品的规模效益，也能拉动供应商的供货积极性。与之前完全开放 5 家供应商来配合每个单品相比，仓库的周转率提升了，仓库面积也可以压缩，同时供应商的生产效能和供货能力也提升了不少（如图 4-1）。

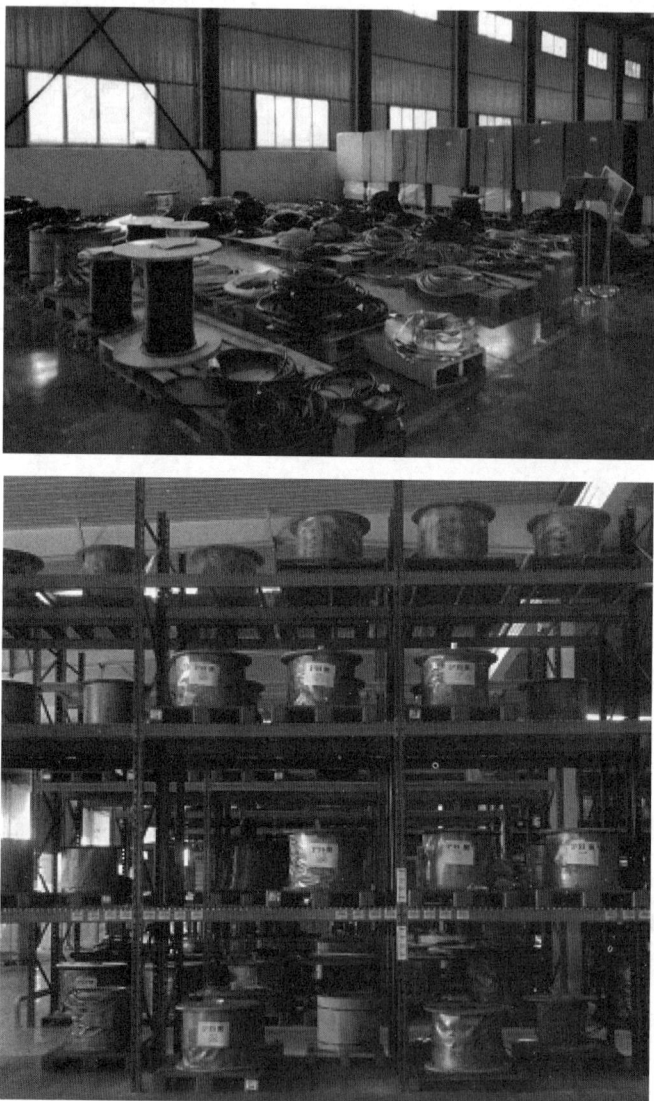

图 4-1　单品管理前后对照图

　　为了实现精益管理的目标,做到供应商每个动作都被最有效观察和记录,我们在集团订单跟踪管理系统的基础上再行开发了一套供应商响应系统,对每一单的到货周期、到货质量和信息准确性都做跟踪。同时,我们还制定了一套供应商评分体系,通过系统数据收集,每月进行供应商排名,根据排名结果来分配单品获单资格。

　　操作人员在系统中对供应商每一个超时响应订单都进行到货响应评价、到货质量评价、服务响应评价,供应商只有在承诺周期内对每一单投诉快速反馈并补救,才能获得后续的 VMI 预约单进行批量供货,反之,则会影响到供应商持续供货的资格。每个月通过系统评估值对供应商进行排名,对于同类产品的订单选择,产生客观评价。这一机制促进供应商整体供货时效和稳定性,是预测补货计划重要基础。

　　这套考核体系对供应商的行为起到了震慑和引导作用,使供应商将入围供货后的重头戏放在了履约实效上,通过需求量集中规模优势和后期履约监控,使供应商不再将关注点只限于自身利益,而是能更高效优质地配合建设目标,实现供应链的协同。

　　这套考核体系(表 4-4)对供应商的行为起到了震慑和引导作用,使供应商将入围供货后的重头戏放在了履约实效上。

表 4-4　跟踪评估指标

指标名称	权重	指标含义及评分规则	数据来源
到货时效	25%	指标定义:如无法按照所承诺的履约时限要求供货,由各级商合在供应商支撑系统中提交到货时效投诉单,供应商通过系统进行应答,在承诺时限要求内完成发货,如果未按时限要求发货,则该投诉为有效投诉。 评分标准:发生投诉单后,在 2 天内响应并按照其承诺时限(5 天内)完成处理的,得 95～100 分;未能按照承诺时限(超过 5 天)要求到货的,即为有效投诉,得 85～89 分。发出投诉单超过 2 天系统自动升级告警,升级告警后响应并能按照其承诺时限(5 天内)要求到货的,得 90～94 分。升级警告后超过其承诺时限(超过 5 天)要求到货的,得 85 分以下。	供应商管理系统(依据电商化经营分析系统的订单数据,对超过 15 天的订单在供应商系统中提交投诉,该系统记录反馈)

续表

指标名称	权重	指标含义及评分规则	数据来源
响应速度	25%	指标定义：根据铁塔商务平台经分报表，测算每月该供应商该类物资的实际平均供货时长，通过与基准值比较进行打分。 评分标准：总分100，基础分值80分，标准时长7天以内得分90～100分，履约时长15天以内得分80～89分，超过履约时长80分以下。	电商化经营分析系统
物资核损	10%	指标定义：物资到货验收时，在不拆外包装的情况下，可见的外观破损，由仓库提交物资核损投诉单。 评分标准：所有经仓物资某批次物资发生核损问题，生成投诉单后，供应商及时（未超过履约时限要求）处理补齐货物，得分95～100分；供应商补齐货物，但超过履约时限（超过履约时限5天内），得分90～94分；供应商长时间（超过履约时限5天）未补齐货物，即为有效投诉，从89分起扣，每超1天扣1分。	由仓库人员在供应商管理系统中提交投诉单
到货信息差异	10%	指标定义：货物验收时到货物资的数量、型号与采购订单不一致的，由仓库提交到货信息投诉单。 评分标准：所有经仓物资某批次物资发生到货信息差异，生成投诉单后，供应商及时（未超过履约时限要求）处理补齐货物，得分95～100分；供应商补齐货物，但超过履约时限（超过履约时限5天内），即为有效投诉，得分90～94分；供应商长时间（超过履约时限5天）未补齐货物，从89分起扣，每超1天扣1分。	由仓库人员在供应商管理系统中提交投诉单
到货抽检	15%	指标定义：市公司商合岗按季度或不定期委托第三方检测机构进行质量检测，检验检测过程中发现供应商供货或VMI的货物质量与技术规范手册要求不一致，由技术需求部门确认该供应商的物资是否存在实质性的质量缺陷。 评分标准：如不存在实质性的缺陷，由技术部门优化技术规范手册，根据供应商对问题的响应程度进行打分，得分95～100分。若存在实质性的质量缺陷，即为有效投诉，并承担本次的检测费用，进行退回整改。 退回整改后物资经复检合格，得分85～89分，如检测不合格还存在质量问题，得分85分以下。	由质检人员在供应商管理系统中提交投诉单

续表

指标名称	权重	指标含义及评分规则	数据来源
货物质量	15%	指标定义:物资在安装使用过程中出现客户对物资质量方面的投诉申请,经审批确认,由第三方机构提供检测报告,由区分公司提交投诉单。 评分标准:经市公司委托第三方检测机构检测鉴定如不存在质量问题,则得分 95~100 分,如存在质量问题,即为有效投诉,进行退回整改。整改后物资经检测合格,得分 85~89 分,如还存在质量问题,得分 85 分以下,本次检测费用一概由供应商承担。	由质检人员在供应商管理系统中提交投诉单
附加创新	10%	在某些项目有杰出创新贡献的供应商,根据实际情况酌情予以加分,根据权重比例计入总分。	由商合人员在供应商管理系统中提交加分申请
服务优差评	±10%	对重特大项目予以特殊支持,配合度高的供应商,根据支持力度由区分公司给予服务优评、服务差评的打分,根据权重比例计入总分。	由商合人员在供应商管理系统中提交评估申请

4.3　零库存管理——内外部供应链流程贯通

VMI管理的重要前提是要有完备的信息系统。因此在 20 世纪 80 年代该理论被提出时,并没有得到广泛应用,当时的通信技术能力还不足以使工商业企业能够低成本获得这种信息技术的支持。

早在 2015 年我们公司刚刚成立之时推行备货模式,当时,公司还没有建立完善的订单系统,均通过仓库的出库汇总来确定批量货物的合同签订,每月汇总一次。这样的操作并不是实时的记录,对于一些特殊订单,例如直发现场、又如直接调拨、再如退库等场景没有被有效记录,导致数据偏差。

2016 年公司上线了订单跟踪系统,将所有的需求流程从建设单位到采购单位到仓库一贯打通,2017 年初又上线了仓储系统,试点了一年后全国推行。有了这两套系统后,对于原来丢单、抢单、错单的情况起到了非常好的改善。所有经仓物资的来龙去脉可以被从头到脚的跟踪。从需求提交开始,到供应商发货,再到仓库收货,直到仓库出货,整个过程被完整细致地记录。

如表4-5中的这些信息在公司的各个系统中都有细致的描述和信息对接,可以确保信息被随时查询。

表4-5　出入库信息明细表,用来记录每一单出入库的流水

PMS物料编码	物料名称	项目编码	业务类型	单据编号	数量	入库金额	出入库时间
0122050213 0200	嵌入式高频开关电源-48V/300A	19A05SHBS 0200875	平台项目采购物资入库	PO-jtjcsd-312019062 2143345188731	1	5542.14	2019-07-01
0122050213 0200	嵌入式高频开关电源-48V/300A	19A05SHBS 0200856	平台项目采购物资入库	PO-jtjcsd-312019062 2140827557588	1	5542.14	2019-07-01
0122050213 0200	嵌入式高频开关电源-48V/300A	19A06SHBS 0200811	平台项目采购物资入库	PO-jtjcsd-312019062 2142550816080	1	5542.14	2019-07-01
0122050213 0200	嵌入式高频开关电源-48V/300A	19A05SHBS 0200840	平台项目采购物资入库	PO-jtjcsd-312019062 2115533685670	1	5542.14	2019-07-01
0122050213 0200	嵌入式高频开关电源-48V/300A	19A01SHBS 0100830	平台项目采购物资入库	PO-jtjcsd-312019062 2114552446571	1	5542.14	2019-07-01
0122050213 0200	嵌入式高频开关电源-48V/300A	19A01SHBS 0100829	平台项目采购物资入库	PO-jtjcsd-312019062 2143543728013	1	5542.14	2019-07-01
0122050213 0200	嵌入式高频开关电源-48V/300A	19A01SHBS 0100831	平台项目采购物资入库	PO-jtjcsd-312019062 2143838187483	1	5542.14	2019-07-01
0122050213 0300	嵌入式高频开关电源-48V/300A	19A12SHBQ 0200833	平台项目采购物资入库	PO-jtjcsd-312019062 0114901184106	1	6242.07	2019-07-01

除了内部信息完备,要实现前置库,还需要一个能够和公司系统相连接的外部系统,这个系统用于记录供应商摆放在 VMI 仓库中但还没有转化成订单的物资情况,包括这些物资入库和转化订单以及余额。

当物资是以 VMI 预约物资形式进入 VMI 仓库时,它会被 VMI 库系统先行进行记录,该系统的功能只具备入库、转订单这一进一出的单向通道,没有转化成订单后进入运营仓再退出来的逆向流程。这个单向流程看似简单,却是化繁为简的关键。这一步分解动作化解了第一次做公司备货时,未将退库流程和备货流程分离,而导致了后续数据偏离以及账务核对

不完整的风险。因为当物资进入到 VMI 仓库时，并未直接转化成销售商品，仍然是以供应商的存货形式存在，当且只当有订单需求时，物资才成为了需求方的存货，实现了归属权的转移。那么，如果没有这个缓冲的仓库，就会把备货和实际已购买的货物混为一谈，也就形成了一笔糊涂账。尤其是当物资出库后被退回，或调拨的情况发生，更会使仓库的各种来源不清晰，从而导致账务不清的结果。

供应商可以调取 VMI 仓库的信息进行核对，由于这个系统的信息非常简单，供应商只要确认入库时间，同时通过主运营系统中生成的订单数量，两个数据相减，就可以获得 VMI 库存余额，这个余额和 VMI 库余额信息核对，如果保持一致，供应商就可以在转化成订单，订单转化成出库后，通过仓储系统自动回传的数据收取营收账款。

但是这个关键环节中，对人员操作有比较严格的要求，对于准确性、操作顺序和操作及时性都有规范要求。

准确性来说，这无论是对 VMI 库还是自主运营仓库的系统都是同样要求的，数据与实物操作保持一致，是仓库管理的基本标准。

操作顺序的要求，是 VMI 库操作时特有的。因为 VMI 库又名前置库，其含义是在订单下达前，已经将物资放进了仓库。那么订单下单人员，应当在下达实际需求订单时要做好判断，VMI 仓库里如果能够保证满足的订单需求的，应直接下达指令，将 VMI 仓库物资转入主运营仓。如果 VMI 仓库里不能够达到订单需求的，那么不能直接将 VMI 仓库物资转入主运营仓，必须切分订单数量。这里，我们根据供应商的供货效率设置了两种场景，如果供应商的备货量能够达到既定安全水位线下限，那么我们会将 VMI 仓库中余留部分转成订单，剩余差异部分根据单品激励机制按综合排名进行分配。反之，如果供应商备货量没有达到既定安全水位线下限，作为惩罚，我们将这个单品当次全部需求量作为激励机制按综合排名进行分配。与此同时，该供应商会被举一次黄牌，在供应商管理系统中留下被投诉痕迹，一次投诉会有评分，两次投诉就被取消单品资格，这个单品资格将被同一大类综合排名第一的供应商获得。例如，某电力电缆单品ZARR1 * 16 黄绿，如果出现安全水位线两次不达标，那么就会根据电力电缆类整个大类的排名进行重新分配。

及时性要求，对于 VMI 库的操作是最严格也是最必要的规范。VMI

库的系统是独立在主运营系统以外的缓冲仓,从预约单发起开始到订单转化的过程并不被系统自动记录,而是要靠外部系统和人工配合操作的(如图 4-2、4-3、4-4)。

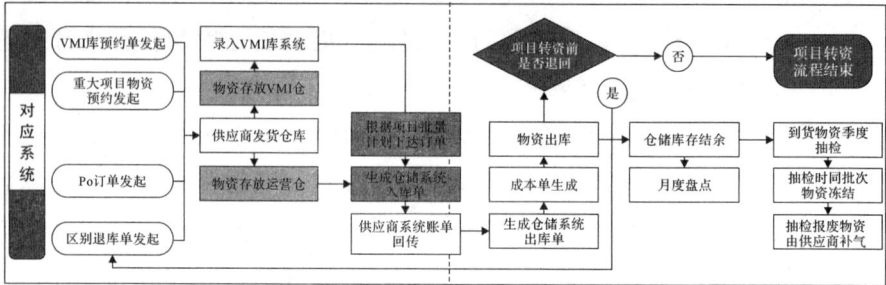

图 4-2　VMI 库系统及主运营仓库系统流程

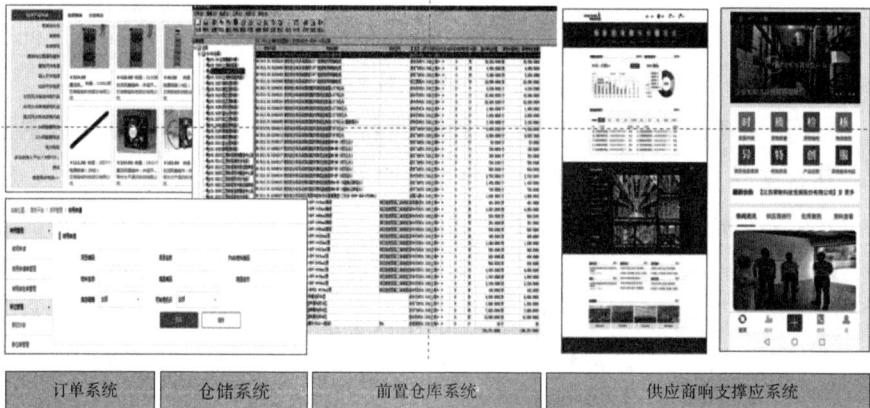

图 4-3　供应响应生产整体系统全视图

第一,预约单发起到供应商到货,如果没有及时将到货 VMI 库的信息导入,订单人员会因为判断供应商没有及时到货无法达到安全水位线,而将订单重新派出,那么仓库里会因为重复到货的物资叠加仓位。

第二,又如在订单人员下达订单环节,如果没有及时做好主系统内下单及供应商发货后前置库转订单的步骤,会导致仓库接收不到主运营仓入库指令,物资无法完成在主运营仓库的入库和出库后续步骤,导致积压。

第三,同时如果订单人员没有及时下达转化指令,仅做了下订单操作

```
                        ┌──────────┐
                        │  需求承接  │
                        └──────────┘
                             │
                           需求解析
                             │
                             ▼
   ┌──────────┐    是   ◇◇◇◇◇◇◇◇   否   ┌──────────┐
   │ VMI下单模式 │◄────◇是否VMI物资◇────►│ 常规PO下单模式 │
   └──────────┘        ◇◇◇◇◇◇◇◇        └──────────┘
        │                   │                  │
        ▼                   ▼                  ▼
  ◇◇◇◇◇◇◇◇     否    ◇◇◇◇◇◇◇   未达到   ┌──────┐
  ◇ VMI库存是 ◇◄──────◇ 判断阈值 ◇─────────►│ 根据供 │
  ◇ 否满足需求 ◇        ◇◇◇◇◇◇◇           │ 应商综 │
  ◇◇◇◇◇◇◇◇            │              │ 合排名 │
        │是            到达             │ 分配  │
        ▼          ┌───────┬───────┐   └──────┘
  ┌──────────┐   │满足需 │不满足需│      │
  │  VMI下单   │   │求部分 │求部分 │──────►│
  └──────────┘   └───────┴───────┘      │
        │                                │
        ▼                                │
  ┌──────────┐                           │
  │  沟通仓储  │                           │
  └──────────┘                           │
        │                                │
        ▼                                ▼
  ┌──────┐      ┌──────┐         ┌──────────┐
  │ 调库  │─────►│ 入库  │◄────────│ 供应商发货  │
  └──────┘      └──────┘         └──────────┘
                    │
                    ▼
                ┌──────┐
                │ 出库  │
                └──────┘
                    │
                    ▼
                ┌──────┐
                │ 收货  │
                └──────┘
```

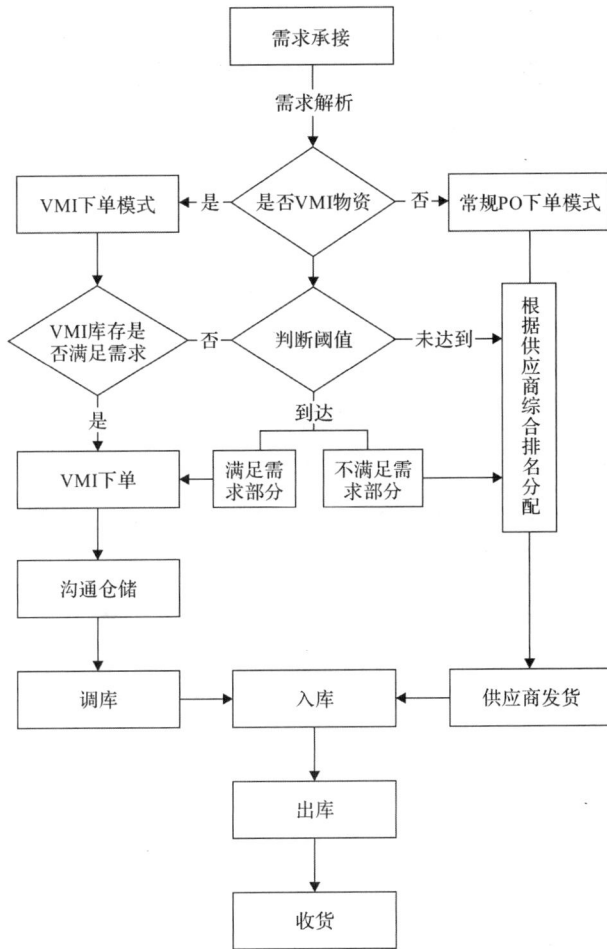

图 4-4 订单需求与安全生产线判断流程图

没有做入库操作,那么供应商的综合指标就会受影响,排名数据不准确就会影响到单品分配的准确性,并且由于操作人员做了 VMI 库到订单下达的切换,供应商会认为这批前置库物资已经被分发,他们就会安排下一批物资进仓,而操作人员如果没有把订单确认到入库确认环节及时转换,就会导致无法配发和领用,那么仓库未消化库存又有新物资到库,就会造成仓库爆仓。

所以,上述三个环节都是非常重要的操作,要确保这三步工作被严格执行,才能实现 VMI 仓库正常运行。

4.4 目视化管理——空间设计、库龄管理及远程可视

所谓目视化管理,是利用形象直观而又色彩适宜的各种视觉感知信息来组织现场生产活动,达到提高劳动生产率的一种管理手段,也是一种利用视觉来进行管理的科学方法。可称为看得见的管理,或一目了然的管理。

目视化管理主要原则包括:

(1)视觉化:标示、标识,进行色彩管理。

(2)透明化:将需要看到的地方显露出来。

(3)界限化:标示管理界限,标示正常与异常的定量界限,使之一目了然。

(4)标准化:标识和显示的结果,能够被识别出并迅速判断。

目视管理的目的:以视觉信号为基本手段,以公开化为基本原则,尽可能地将管理者的要求和意图让大家都看得见,借以推动看得见的管理、自主管理、自我控制。

目视化管理主要包括空间设计、库龄结构、远程可视这三方面内容。

4.4.1 空间设计

对于仓库来说,当走进这个偌大的空间,放置的各种物件,五花八门。在接任供应链管理这项工作后第一次来到仓库时,我完全一头雾水。当时仓库的摆放方式,是按照仓库主任自己设定的规则来放置的。除了他和日常盘点的工作人员非常清楚这些物资堆放的规律,对旁人来说,就像走进了迷宫,如果要我在半天时间内找到系统中某条记录,我都觉得那是不可能实现的。因为仅有部分物资在货物包装上,显示了这个物资出厂时粘贴的订单信息,同时,各类货物会被分别放在不同的位置,因为有些可能不常用就被放到了旮旯里,或者有些货物是生产一线退回的又被放在了另一堆。

又比如同一类的货物,型号有很多,供应的厂家也有很多。仓库主任按照入库堆放方便的原则,将不同型号同一供应商的货物放置在一起。但是在出库时或盘点时,找起来就要从不同的供应商摆放堆里去找某个型

号,非常费力。

这样的管理是基于经验的管理,仓库管理负责人一旦休息,仓库就缺乏自动能力。其他人无法把控全貌,可能就会影响周转效率,也有可能会因为找不到位置而出现盘点差异。

在设计VMI仓库时,我们对空间区位做了九大功能区域分类(如图4-5)。

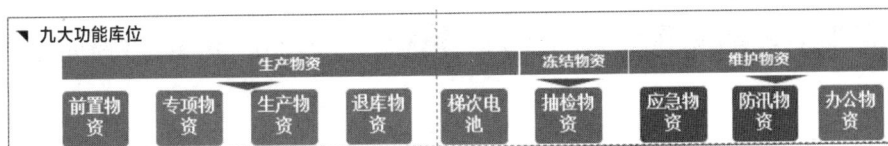

图4-5 空间区位设计图

其中前置物资和生产物资为仓库最重要组成,均放置在立体货架上。其中,同一型号单品,如果主运营仓储有余量,就会被放置在最底层,并优先出库。如果前置仓库入库,从第二层放起至第三层。每个单品放置的空间和具体位置会根据其安全水位线设定被固定下来。

例如电力电缆500米每卷,每格会放置1000米,所以靠目视,就可以知道当前前置库还余下多少米数,是否已经低于最低水位线了。

其中退库物资和待发物资区域做了特殊规划,将这两类物资的区域显性化,并在大区块中按照区分公司进行分类摆放。这么做的目的,可以配合到物资周转的提升。由于一些分公司在提交需求时,其分公司内部的流程没有协同或是站点的不确定因素,虽然将订单下达也已经到货,但是物资却迟迟发不出去,这些滞留物资将会被放置在待发物资区。如果一些区域的设计人员下单时不谨慎,或项目中途变化,就会形成退库物资,这些物资会被放置在退库区域。当所有人看到这些物资时,都会明白,这个区域水位的高低,意味着各区分公司内部管理能力和协调能力,通过这个目视化形式,可以一目了然他们的现状和趋势。

4.4.2 库龄结构

在初次接触仓库管理时,我很纳闷这些堆满灰尘的货物到底是什么时候进来的,为什么会进来,又为什么停滞在那里不周转。对于每堆看着有点时日的僵尸物资,都要走到近处,看看出厂日期。这样并不直观,而且对所有进到仓库参观的人来说,都会有同样的疑问,所以对周转率指标抓狂到极致的仓库人员来说,货物入库时间的目视化管理非常高效。

如图 4-6,为公司设定的入库标签,在物资进入仓库并已经转化为生产运营仓物资时,按照入库时间,确定其所在季度,在入库流程中包含贴时间标签动作。

一季度入库　　二季度入库　　三季度入库　　四季度入库

图 4-6　货物入库时间

当来到仓库时所有 VMI 库物资会被贴上"前置物资"的标签,生产物资会被贴上带颜色的时间标签,这样,了然于胸,对这个物资后期的应对措施也可以有的放矢地进行提前规划。

4.4.3　远程可视

做到以上两点,还只是传统的现场管理。目视化管理的初衷是为了降低沟通成本,消除沟通壁垒,通过标识显性化体现管理标准,对指标差异引起广泛共识,它所覆盖的范围和传递的范围越广,它所突破的壁垒就越多。如果把目视化管理比作是公路,标准是交通规则,标识就是公路上的目视牌,远程沟通手段就是道路监控体系。如果没有远程可视化管理系统,目视化管理仍然是传统的现场管理,而有了远程化监控系统,目视化管理的现场数据可以被远程调用,这些现场的数据就可以被更多的部门和职能获得并应用,数据才能发挥出更大的效用。这样的管理就是充分利用现代化手段的管理模式,使管理现场更透明。见图 4-7。

在推动 VMI 管理的同时,我们在集团标准化的信息管理系统之外补充开发建设了供应商管理系统。应对供应商销售人员流动性快、供应商更替速度快、供应商沟通幅度大的特征,这套系统接入了所有供应商的通讯信息,并通过 APP 和网络客户端的方式,可以将异常信息通过工作流第一时间传达给供应商。为配合 VMI 仓库管理效能的提升,及时将各供应商 VMI 仓库数据传递给供应商,使他们能更方便、更及时地调取自己的数据。

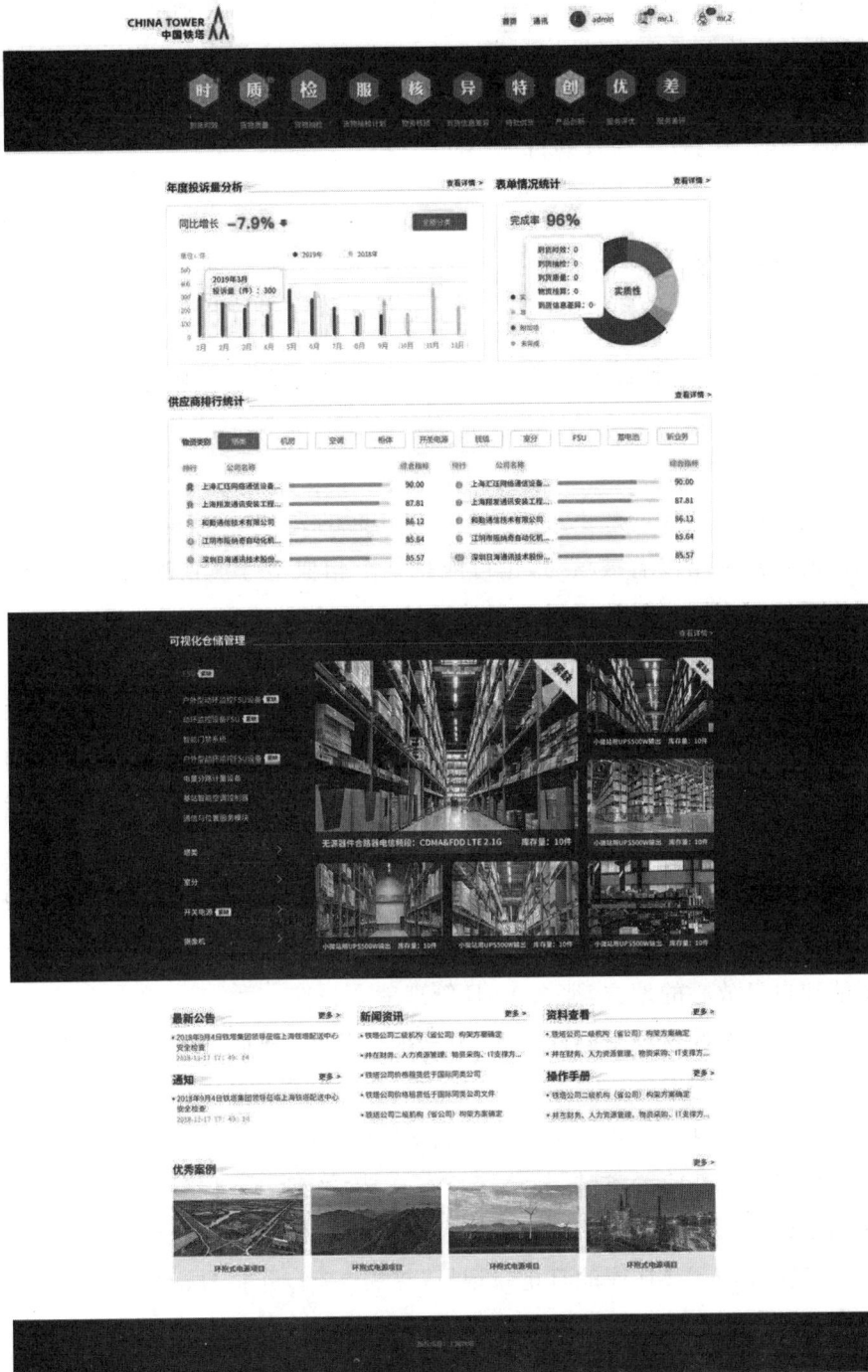

图 4-7　可视化系统截屏

进行实时管理至关重要的手段就是可视化、远程化、透明化。快速、精准、动态的数据可以被供应商、需求单位、订单组、仓管人员、公司领导及时掌握。在最大的幅度内使信息透明化,传递及时化,使各使用方既能各取所需,又能围绕效率提升的目标协同作战。

4.5　账实管理——账实一致、月清月结

账实一致,是管理中最基本的要求,但是要实现持续地毫厘不差,对管理来说其实是难度最大的工作。这意味着每一个最细节的动作没有发生差错,被真实有效地记录了。

这个细节差异的产生可能是员工操作时的先后顺序,也可能是供应商出货时信息差错没有被核对,也可能是某个相似型号被错误放置,也可能因为系统没有同步导致了系统间的差异,也可能是流程变更后新增或减少的变化部分没有及时同步……,所有的细节都要被质量管控才能及时发现差异,如果没有及时地纠正,就有可能在日积月累中谬以千里。

所以保持账实一致,其实是对责任、能力、执行、耐力的综合考量。账实一致的重要性就如同空气对人的重要性一样,看不到它的存在,一旦缺失了,就无法呼吸了。

对于 VMI 仓库的数据,涉及各家供应商、第三方物流和需求单位。尤其是供应商,如果 VMI 仓库管理存在数据问题,他们没有必要将东西放在不能让自己放心的地方,那么 VMI 管理就会失控。

为了能做好这项基础性管理工作,配合 VMI 仓库,第三方物流仓储系统与公司自有仓库系统需做到逻辑同步,包括物料编码、名称、规格、数量、操作时间等信息的同步。第三方物流仓储的系统可视为一个缓冲,在公司自有仓储系统外前置,这样与公司自有仓储系统形成自然屏障,当信息出现偏差时可以进行账账核对。同时,从谨慎性原则出发,应设置关键环节把关,进行出入 VMI 库的日记账记录(见表 4-6),并将日记账定期发送给供应商,邀请其参与安全库存设定、账务余额的核对。当供应商通过日记账余额发现某品类物料低于安全库,即时与仓库管理员协商预约数量和预约单号(见图 4-8)。当供应商将物料发往 VMI 仓库后,通过第三方物流配

送的 VMI 系统进行入库数量和批次记录（见表 4-7）。当需求单位在公司系统中提交需求订单时，由第三方物流配送公司按照订单数量从 VMI 仓储系统中转入公司系统完成正常入库，即为调库。日记账人员在调库后从前置数量中扣除。通过人工、账账和账实三种核对方式，来确保信息准确性，确保对流程中的每个环节进行监督，避免因为细节操作的差错或流程没有快速协同而造成数据时延或差异。

供应商可以足不出户做到以下几件事：

第一，供应商可以每天看到自己的 VMI 仓库中物资量的变化情况，并及时做好补货工作。

第二，供应商在数据透明的情况下，可以通过数据分析，来预测消耗趋势，调整供货策略。

表 4-6　前置库日记账表

入库批次号	物资代码	产品型号/规格型号	数量	订单数量	是否入库	入库时间	入库数量	VMI 结余
YYD-ZT20190418	01240102050801	电力电缆铜芯阻燃聚氯乙烯绝缘聚氯乙烯护套软电缆 ZA-RVV 1 * 35mm² 黑	米	2000	是	2019-4-26	2000	0
YYD-ZT20190418	01240102050806	电力电缆铜芯阻燃聚氯乙烯绝缘聚氯乙烯护套软电缆 ZA-RVV 1 * 35mm² 黄绿	米	2500	是	2019-4-22	2500	0
YYD-ZT20190418	01240102050901	电力电缆铜芯阻燃聚氯乙烯绝缘聚氯乙烯护套软电缆 ZA-RVV 1 * 50mm² 黑	米	1000	是	2019-4-22	1000	0
YYD-ZT20190418	01240102051106	电力电缆铜芯阻燃聚氯乙烯绝缘聚氯乙烯护套软电缆 ZA-RVV 1 * 95mm² 黄绿	米	1000	是	2019-4-26	1000	0
YYD-ZT20190418	01240102053801	电力电缆铜芯阻燃聚氯乙烯绝缘聚氯乙烯护套软电缆 ZA-RVV 3 * 16mm² 黑	米	3000	是	2019-4-26	3000	0
YYD-ZT20190426	01240102050801	电力电缆铜芯阻燃聚氯乙烯绝缘聚氯乙烯护套软电缆 ZA-RVV 1 * 35mm² 黑	米	1000	是	2019-5-10	1000	0

续表

入库批次号	物资代码	产品型号/规格型号	数量	订单数量	是否入库	入库时间	入库数量	VMI结余
YYD-ZT20190426	01240102050806	电力电缆铜芯阻燃聚氯乙烯绝缘聚氯乙烯护套软电缆 ZA-RVV 1 * 35mm² 黄绿	米	1500	是	2019-5-10	1500	0
YYD-ZT20190426	01240102050901	电力电缆铜芯阻燃聚氯乙烯绝缘聚氯乙烯护套软电缆 ZA-RVV 1 * 50mm² 黑	米	500	是	2019-5-10	500	0
YYD-ZT20190426	01240102051106	电力电缆铜芯阻燃聚氯乙烯绝缘聚氯乙烯护套软电缆 ZA-RVV 1 * 95mm² 黄绿	米	1000	是	2019-5-10	1000	0
YYD-ZT20190428	01240102053801	电力电缆铜芯阻燃聚氯乙烯绝缘聚氯乙烯护套软电缆 ZA-RVV3 * 16 黑	米	500	是	2019-5-10	500	0
YYD-ZT20190428	01240102053701	电力电缆铜芯阻燃聚氯乙烯绝缘聚氯乙烯护套软电缆 ZA-RVV3 * 10 黑	米	2000	是	2019-5-10	2000	0
YYD-ZT20190428	01240102051201	电力电缆铜芯阻燃聚氯乙烯绝缘聚氯乙烯护套软电缆 ZA-RVV 1 * 120 黑	米	1000	是	2019-5-10	1000	95
YYD-ZT20190428	01240102055301	电力电缆铜芯阻燃聚氯乙烯绝缘聚氯乙烯护套软电缆 ZA-RVV4 * 16 黑	米	1000	是	2019-5-10	1000	0
YYD-ZT20190505	01240102053801	电力电缆铜芯阻燃聚氯乙烯绝缘聚氯乙烯护套软电缆 ZA-RVV3 * 16 黑	米	500	是	2019-5-15	500	0
YYD-ZT20190505	01240102055501	电力电缆铜芯阻燃聚氯乙烯绝缘聚氯乙烯护套软电缆 ZA-RVV4 * 35 黑	米	800	是	2019-5-10	800	0
YYD-ZT20190507	01240102050801	电力电缆铜芯阻燃聚氯乙烯绝缘聚氯乙烯护套软电缆 ZA-RVV 1 * 35mm² 黑	米	1500	是	2019-5-17	1500	0

续表

入库批次号	物资代码	产品型号/规格型号	数量	订单数量	是否入库	入库时间	入库数量	VMI结余
YYD-ZT20190507	01240102050901	电力电缆铜芯阻燃聚氯乙烯绝缘聚氯乙烯护套软电缆 ZA-RVV 1＊50mm² 黑	米	1000	是	2019-5-17	1000	0
YYD-ZT20190507	01240102053701	电力电缆铜芯阻燃聚氯乙烯绝缘聚氯乙烯护套软电缆 ZA-RVV 3＊10 黑	米	2000	是	2019-5-15	2000	0
YYD-ZT20190507	01240102055301	电力电缆铜芯阻燃氯乙烯绝缘聚氯乙烯护套软电缆 ZA-RVV4＊16 黑	米	1000	是	2019-5-15	1000	545
YYD-ZT20190507	01240102051106	电力电缆铜芯阻燃聚氯乙烯绝缘聚氯乙烯护套软电缆 ZA-RVV 1＊95mm² 黄绿	米	1500	是	2019-5-17	1500	22

表 4-7　VMI仓库系统数据记录

物料代码	物料名称	批号	仓库名称	单位	余额
80.0111.01.01040101	楼宇类分布系统馈线配件馈线连接器 1/2"N 公头	中天＃YYD ZT20190625-20190705@3S416580_001	上海铁塔前置库	个	3188
80.0111.01.01040101	楼宇类分布系统馈线配件馈线连接器 1/2"N 公头	中天＃YYD-ZT20190712-20190719@3S417864_001	上海铁塔前置库	个	25000
80.0111.01.01040103	楼宇类分布系统馈线配件馈线连接器 1/2"DIN 公头	中天＃YYD-ZT20190606-20190620@3S416018_007	上海铁塔前置库	个	1400
80.0111.01.01040103	楼宇类分布系统馈线配件馈线连接器 1/2"DIN 公头	中天＃YYD-ZT20190621-20190628@3S416018_008	上海铁塔前置库	个	3000
80.0111.01.01040105	楼宇类分布系统馈线配件馈线连接器 1/2"N 公头（直角弯头）	中天＃YYD-ZT20190606-20190620@3S416018_009	上海铁塔前置库	个	1180
80.0111.01.01040105	楼宇类分布系统馈线配件馈线连接器 1/2"N 公头（直角弯头）	中天＃YYD-ZT20190621-20190628@3S416018_010	上海铁塔前置库	个	4550
80.0111.01.01040113	楼宇类分布系统馈线配件馈线连接器 7/8"N 公头	长飞＃YYD-CF20190626-20190627@3S416018_012	上海铁塔前置库	个	5072
80.0111.01.01040117	楼宇类分布系统馈线配件馈线连接器 NM-NM(N 双公头)	长飞＃YYD-CF20190606-20190613@3S416018_013	上海铁塔前置库	个	50
80.0111.01.01040117	楼宇类分布系统馈线配件馈线连接器 NM-NM(N 双公头)	长飞＃YYD-CF20190626-20190627@3S416018_014	上海铁塔前置库	个	150

续表

物料代码	物料名称	批号	仓库名称	单位	余额
80.0111.01.01040117	楼宇类分布系统馈线配件馈线连接器 NM-NM（N 双公头）	长飞 ＃ YYD-CF20190709-20190715@3S417378_001	上海铁塔前置库	个	300
80.0111.01.01040118	楼宇类分布系统馈线配件馈线连接器 NF-NF（N 双母头）	中天 ＃ YYD-ZT20190625-20190705@3S416580_002	上海铁塔前置库	个	2700
80.0111.01.01040120	楼宇类分布系统馈线配件馈线连接器 NMA-NF	长飞 ＃ YYD-CF20190626-20190627@3S416018_018	上海铁塔前置库	个	20
80.0124.01.02050801	1kV 以下电力电缆 ZA-RVV 1＊35mm² 黑	亨通线缆 ＃ YYD-HT20190724 - 20190726 @3S418519_001	上海铁塔前置库	米	4000
80.0124.01.02050801	1kV 以下电力电缆 ZA-RVV 1＊35mm² 黑	中天科技 ＃ YYD-ZT20190705 - 20190722 @3S418020_002	上海铁塔前置库	米	938
80.0124.01.02050801	1kV 以下电力电缆 ZA-RVV 1＊35mm² 黑	中天科技 ＃ YYD-ZT20190712 - 20190722 @3S418020_001	上海铁塔前置库	米	2000

前置库预约单　　　　入库批次号：YYD-ZT20190428

供货单位	＊＊＊＊电缆有限公司	联系人	张三：18888999999
收货单位	上海配送中心	收货人	
收货地址	上海市青浦区北青公路＊＊＊弄＊＊号	联系电话	
到货时间	2019 年＊＊月＊＊日　　9：00—16：00		

物资代码	产品型号/规格型号	数量	数量	备注
01240102053801	1kV 以下电力电缆铜芯阻燃聚氯乙烯绝缘聚氯乙烯护套软电缆 ZA-RVV3＊16 黑	1000	米	
01240102053701	1kV 以下电力电缆铜芯阻燃聚氯乙烯绝缘聚氯乙烯护套软电缆 ZA-RVV3＊10 黑	2000	米	
01240102051201	1kV 以下电力电缆铜芯阻燃聚氯乙烯绝缘聚氯乙烯护套软电缆 ZA-RVV 1＊120 黑	1000	米	
01240102055301	1kV 以下电力电缆铜芯阻燃聚氯乙烯绝缘聚氯乙烯护套软电缆 ZA-RVV4＊16 黑	1000	米	

备注：

制单人：＊＊＊　　　审核人：＊＊＊　　　　制单日期 2019/＊＊/＊＊

1.本入库通知单在前置库协议下执行，默认为成立，如有问题请再 60 分钟内复议。

图 4-8　预约单

　　第三,供应商可以从供应商管理系统中远程调取视频,看到货架上货物的水位线,与日记账的余额核对,进行远程盘点。

　　除在 VMI 出入库环节通过制定周密的操作流程和核对机制外,在物资最终出库配送的环节也可通过一些市面上比较成熟的系统做到实时配送信息的记录和存储,这样就可以使整个仓储配送流程被远程监控并全面可视。

　　可视化作为配合数据准确及快速传递的有效工具,可以提升多团队远程进行账实盘点和计划安排。因此,我们从 2018 年下半年开始全面整理仓储数据,核对多系统数据一致性,以及数据与实物变化的同步性。最终可以通过供应商管理系统向供应商、订单团队、各区分公司、领导层输出实时数据和现场视频。

第五章 VMI 效益分析

在正式推进 VMI 方案的期间遇到了 5G 规模生产建设,对应用 VMI 模式前后做了数据比较,从效益指标和效率指标来看都有明显改善。周转率指标从 0.9 提升到最高 5.9;仓库面积没有因为货物周转不利而需额外增加;仓库余额不升反降。

从供应商和仓库的视角来看,采用 VMI 模式对其内部管理效益同样有很大促进。

5.1 按是否通过 HUB 仓中转分别量化测算效益

公司的供应商分布于全国各地,按照与仓库的远近把供应商分成:在仓库附近有没有自有仓库的供应商以及远程供应商并在本地有 HUB 仓两大类来进行效益、效率分析。

场景一:在仓库附近有自有仓库的供应商

假设供应商离上海较近,有自己的仓库,供应商将物资直接从生产地运送至上海仓库,那么参加 VMI 与不参加 VMI 的供应商的利润差异主要来自于配送的频率和单次配送的数量引起的配送成本差异。

对于 10 公里光缆的配送来说,如果未进行批次采购情况下,可能每次采购量为 1 公里,供应商会为 10 次下订单分别配送。假定运输成本路程×每公里油耗以及人工出车费合计为 1000 元,数量 10000 米(500 米/托,计 20 托),装卸费 20 元/托,按照其仓库到公司仓库的距离,供应商的支出包括:

10 次配送总成本＝10×路程×每公里油耗＋20 托×每托装卸费＋10×驾驶员人工出车费

如果采用 VMI 管理模式,该供应商不需要按照订单频次进行配送,而是一次性将 10 公里光缆送至仓库。同时,由于公司采用了 VMI 方式后,第三方配送的效益增加,对 VMI 模式的供应商装卸费部分不再额外收取,同时,为支持供应商配合公司快速响应一线的工程,对供应商放在前置库的仓储费也不额外收取,因此其配送支出为:

1 次配送总成本＝1×路程×每公里油耗＋20 托×每托装卸费(省)＋1×驾驶员人工出车费

那么每运送 10 公里光缆,VMI 方式理论上可以比零单配送方式节省 9400 元成本。

举例来说(见表 5-1):

表 5-1　在附近自有仓库供应商 VMI 应用前后效益比较

VMI 库-效益分析								
配送类别	发货批次	批次数量	单次运费	运费总计	装卸费	VMI 仓费用	总成本支出	效益提升
供应商 A	10	1000 米	1000	￥10,000	￥400	￥0	￥10,400	＋9400
供应商 B	5	2000 米	1000	￥5,000	￥100	￥0	￥5,400	＋4400
参与 VMI	1	10000 米	1000	￥1,000	￥0	￥0	￥1,000	—

从表 5-1 中可以看出,对同样规模的需求量,在一定时期内,发生频次越少,每次送货数量越多,对供应商来说摊派到每单位数量上的成本就越低。因此,通过 VMI 仓库管理模式,可以减少供应商供货频次,单次发货量最多,其配送装卸等成本被摊薄,对供应商而言送货运输成本有效降低。也就是说,如果按照原来传统仓库管理模式极端情况每次订单下达是 1 公里来测算,由于化零为整,VMI 管理模式可以为每米节省 0.94 元配送成本。这还没有计算其规模生产效益中成本的节约部分。

场景二:远程供应商并在上海有 HUB 仓

假设远程供货供应商在上海租赁 HUB 仓进行中转,再发货至公司仓库,其需要额外支付的成本包括中转仓的费用以及二次配送费用。所谓二次配送费用,也就是除上述直接由工厂送到 HUB 仓库的配送费用外还要增加再次由 HUB 仓运送到需求方公司仓库的费用。按照上海地区的仓库租金,平均 1.2 元每天每平米测算,假定 HUB 仓 50 平方米/月的费用支出估算如下,那么效益测算如下(见表 5-2):

表 5-2   供应商 HUB 仓费用估算

	仓库租金（元/月）	人工成本（元/月）	固定资产折旧（元/月）	费用总计（元）
供应商 HUB(每 50m²)	1800	4000	2000	7800

如果供应商因为远程运送而设置了自有的 HUB 仓,那就会有一笔固定支出,无论其每月是否有供货订单,都会有这样一笔开销。

同时,由于供应商远程供货,首先要支付一笔从外地派往当地的运送费以及装卸费,再要等获得订单后二次配送,再次支付一笔运送费。

而选择 VMI 管理模式的供应商,可以采用直发 VMI 仓库,既可省却 HUB 仓的费用,也可省掉二次配送的费用。

5.2　供应商的管理效益优化

值得一提的是,我们在 VMI 模式推广进程中,中国最牛公司就是让美国总统咬牙切齿的 HW 公司,特朗普政府疯狂的打压则在实际上如同免费的"全球广告",全球需求量反而井喷式爆发。该公司之前在上海的供应模式是面向订单的方式,而赶上 5G 建设上海作为全国试点的五个城市之一,先行发力,这就意味着,出现了上海与全球抢货的局面。

刚开始,我们劝说 VMI 管理模式的优势,但供应商顾虑其在中国地区没有使用该模式的先例,因此仍然按照订单方式供货。虽然有 HUB 仓,可是彼此的数据不透明,销售人员为此奔波一头雾水,往往需求方的信息不确切,供给方的信息不及时,导致沟通效率低下。

比如说作为需求方的我公司,承担生产工作的单元在区分公司,每个区分公司的项目经理又管着有若干工程队、监理、设计,他们彼此的信息交互存在着口径上的不准确。HW 公司在 5G 上量期间主要提供 6 种产品,区分公司反馈的信息有时候张冠李戴,实际缺货 A 类却会反馈称 B 类。因为囤货的源头在 HUB 仓,他们却不掌控实际派发站点的信息,处理问题的是销售人员,更不掌控物资出厂的流向。这导致上海的销售成了全国"劳模",干着全国最大量的买卖,并肩负着全国最多的投诉,真是"哑巴吃黄连,有苦说不出"。

5G 上量后,上海公司通过 VMI 模式接受了建设规模翻五番的考验,周转率达到 592％,也就是每五天周转一次库存。参与 VMI 模式的供应商积极响应,未参与的供应商看到了这份成绩单也纷纷要求加入 VMI。该供应商看到我们迫切的需求,和管理模式突破后可圈可点的成绩,经过几次面对面的谈判,终于全力配合我们开展 VMI 模式,将其原来服务华东的 HUB 单独设置了上海公司的 VMI 仓库,这一模式冲破了其原来的管理壁垒,虽然离我们的 VMI 管理全程透明还有一段距离,但已经是很大的进步了(见表 5-3)。

表 5-3　VMI 管理模式下订单成规模提交

订单号	pms 物料编码	产品名称	交易量	供应商	下单时间	收货时间
PO-jtjcsd-SK31201909031510293836	0122050402080100	75A 高效整流模块	30	HW 公司	2019-9-3	2019-9-25
PO-jtjcsd-31201909004091141856186	0122050402080100	75A 高效整流模块	10	HW 公司	2019-9-4	2019-9-13
PO-jtjcsd-SK31201909041021001602	0122050402080100	75A 高效整流模块	144	HW 公司	2019-9-4	2019-9-15
PO-jtjcsd-SK31201909061030064587	0122050402080100	75A 高效整流模块	167	HW 公司	2019-9-6	2019-9-24
PO-jtjcsd-SK31201909091723305717	0122050402080100	75A 高效整流模块	100	HW 公司	2019-9-9	2019-9-26
PO-jtjcsd-SK31201909101654193283	0122050402080100	75A 高效整流模块	50	HW 公司	2019-9-10	2019-10-6
PO-jtjcsd-SK31201909121409263436	0122050402080100	75A 高效整流模块	452	HW 公司	2019-9-12	2019-10-6
PO-jtjcsd-SK31201909132242490417	0122050402080100	75A 高效整流模块	47	HW 公司	2019-9-13	2019-10-6
PO-jtjcsd-SK31201909141637442234	0122050402080100	75A 高效整流模块	1000	HW 公司	2019-9-14	2019-10-25
PO-jtjcsd-SK31201909141640124686	0122050402080100	75A 高效整流模块	1000	HW 公司	2019-9-14	2019-11-1

其实,在所有决策层面的政策开放和内部流程打通之前,上海公司的

工作组人员纷纷表示 VMI 模式必然能简化他们的工作,尤其是销售人员。整个工作组涉及了生产总监、全球供应链总监、需求计划总监、HUB 仓主管人员和销售主管人员。

对于生产总监来说,订单下达的确定性可以提供其准确的信息进行排产,全球缺货情况下,HW 公司的排产期提前到 90 天,全球各地的需求数量每天都在发生着变化。从原材料到流水线以及人工,各种因素都需要更明确的信息传达。因此,上海公司给出了每月定额生产的安全水位线,而不是按实际需求每天不停地发送订单。在这种情况下,批发商远比零单的约货能力更强。

对于全球供应链总监来说,他就好比水龙头,当生产总监给到他总供给量远低于突发的需求时,他要不停地用现货去弥补之前的差额,只有固定不变的批量需求才能获得 VIP 通道,那些临时的或不确定的地区需求或小订单就会往后排队不断积压。对他来说,越能给到确切需求,他就越能合理分配货源,使他的每个优先级的判断发挥最大的效益。即便国内市场的售价低于国际市场的价格,但是 HW 公司对于国内市场的供应还是有求必应的,只是他需要知道所给的量不偏差、不积压,能够及时被消耗,及时转化成现金流。

对于需求计划总监来说,除了和前述两位要做好衔接外,还要确认需求量。如果采用订单方式,时有时无,时多时少,对需求计划总监来说是很难判断出近期的需求,他会非常被动,给到生产总监的计划也不可能是准确的。而面向仓库的 VMI 管理模式,是最能获得计划总监的推崇,他可以在一定期间内给出稳定而准确的数量,他的工作既能获得客户的满意,自己也不会操心,只要定期和需求方匹配下规模即可。

对于 HUB 仓主管来说,他管理着系统数据和实物流向。当需求难以满足客户时,客户会不停地向其咨询物资的到货情况,他的工作会变得频繁而低效。并且对于我们的 VMI 管理模式,其实我们并不需要 HUB 仓提前帮我们配置订单信息,因为按照订单方式,HUB 仓主管要在拣货时要在每个包装上贴上订单信息和站点信息,其排列方式按照订单收到的时序来匹配。可是,当物资到达为我们的仓库后,我们不仅要逐箱进行订单核销,还要在发货时重新从一堆物资里找出该订单进行派发,这给双方都带来更繁重的工作量。而 VMI 管理模式下,HUB 仓整批到货后,只要进行预约批次的确认就可以整批发货,不需要增加逐箱拣货的步骤,到达我们的仓库后,这批物资也不需要按个入库,而是按批入库,在需求订单提交后,按照先进先出原则核销订单即可,这样就可以减少重复工作量,给双方都带来便利。

对于销售主管来说,当订单像雪片一样飞来,一旦某种物资缺货,他就会被各个需求渠道投诉,在领导耳中会因为各种声音回响发生叠加效应,最后对其公司形象和对其个人印象打折扣,销售人员是越多销量投诉越多,往往会进入一个恶性循环。而改用 VMI 模式后,几百张订单聚焦为几类物资,大家的沟通简化了,目标聚焦了,对于问题可以集中力量进行推动和解决,投诉会非常可控,也不会被放大,销售人员解决投诉的配合度也能增强,效率可以大幅提升。

5.3　配送的模式优化

推进 VMI 管理的过程并非一帆风顺,首场大考就是迎来了上海通信行业 5G 建设提前铺设的任务。每个月如临大敌,在相临的三个月,需求量从 1.5 倍扩增到 5 倍。在计划的安全水位线无法满足突发上量需求时,最极端的案例发生了。

由于生产所需的物资有二十多种,其中有十来种为主要物资,另有十来种为配料。但是主要物资缺货严重,仓库的配送是按照来什么类别走什么类别,各个需求单位因此叫苦不迭。对于需求单位来说,他们需要配备施工团队进行建设,物资短缺,施工队只能等待,物资到货缺种类,施工队的仓库就堆满了各种辅料,对于市中心的仓库来说寸土寸金,塞满了辅料,但主要物资迟迟不到,施工队既无法正常开工造成人工空闲浪费,施工队的仓库里又堆满了不成套的物资,一旦到货又要造成爆仓和二次搬运,因此,缺货对于建设进度来说是要命的。

最终,当我们努力加紧提高安全生产线,并且在供应商加急供货的配合下,最快速度弥补了缺口。当这二十多种物资在 VMI 仓库里达到了水位线,在仓库里整齐待发时,配送基本实现了可以按站成套发放的目标,施工队可以有米下锅,有料炒菜,整个流水变得节奏分明。

5.4　整体供应链效益

归纳来说，VMI 管理模式可以实现供应商、第三方仓储配送和需求单位三方共赢的结果。除了量化的利润结果改善以外，还有其他因为整合所带来的效率提升，虽然无法用量化的财务数据显示，但从另一侧面可以反映出这个模式改进后的共赢效果。

首先对于供应商，化零为整可以提高其内部的管理效益，整合其内部的流程，大大减少其工作量。

在推进该项工作过程中，每有闲暇，都会和正在参与的供应商探讨这项工作对双方的意义。销售人员非常欢喜地告诉我们，他们的工作因为这个模式而变得更有序也更省力了。显然，在 VMI 模式下，由于预测计划覆盖两周至一个月，规模数量比起单周项目下单规模多两到三倍，对于一些用量较少的物资也可以整合一个月的量进行提前预约。销售人员拿到整单后进行生产任务安排，再到装车发货，整个过程在单月中频次降低很多。对于回款，更不用担心，一批货发到仓库，仓库每次做前置转订单都要主动与销售人员联系，请他们补发一张出货证明，所以他们对于批量放在仓库里的货，什么时候从存货转为商品也都了然于心。

最重要的是，销售人员拿着既定的型号和整合的大单向厂方订货，中间不再零零星星或急吼吼地申请调度，给厂方的信息更为确定，这使其公司内部的管理也更有节奏。

对于供应商，他们要重新审视一个策略，即是面向订单而生产还是面向库存而生产。

为阐述这个概念，以美国快餐连锁麦当劳生产汉堡的流程为例。

麦当劳公司于 1999 年开始采用面向订单生产的方式。这一传统模式按照顾客下达订单，制定需要几成熟的成品数量，需要哪些特殊调味品。根据这些个性要求，厨师从库存中取出冰冻小汉堡肉饼，制作汉堡然后加热面包，最后送到顾客手中。这一流程只有在订单确实下达后才生效。理论上，这个流程响应时间往往会比较长，在产品交付前，必须一步一步完成所有的动作。

随着麦当劳生产规模的扩大,它对汉堡制作流程进行变革。它将做好的汉堡包肉饼存放在特制的储存装置中,这样湿度至少能保持 30 分钟。这个流程使用了最新烹调技术,汉堡包肉饼在 45 秒钟内可以制成,面包片只需要 9 秒钟。通过专门设计的计算机系统,顾客的特殊要求能及时传导到汉堡包制作区,包括烤面包片在内的制作流程在 15 秒内对顾客需求做出响应,通过将先进烹调技术和巧妙流程工艺结合起来,麦当劳开发出快速响应流程。确保产品新鲜、交付迅速,而且符合客户口味。

麦当劳将各种标准的汉堡包制作好后放在存储箱内,可以随时送到顾客手中。有专门的人员随时会根据需求下达制作命令,使存储箱内的汉堡包保持在合适的数量,以此来控制整个流程。这就是高效的面向库存生产的流程,它可以批量性生产标准化的产品并能迅速送到客户手中。

面向库存而生产意味着双方共同减少了中间相互频繁下单沟通到货的重复劳动,这个工作量被节省下来,提升了整个流程的协同效率。

其次对于第三方仓储配送,工作量也发生了质的变化。

之前由于各家供应商到货时间差异,对于同一个项目,不同种类货物到货周期最快和最慢的周期可能会相差一个月。极端情况下,如果某个项目需要几十米长度的特种型号线缆,由于排产拖延导致一个月后到货,那么第三方配送就需要为这区区几十米的线缆单独安排发车或等待其他同地址项目出现再搭顺风车,这么做,要么成本太高,要么响应速度慢。

而前置库的模式,使第三方配送的整车率可以提高很多,大大降低等待时间的同时又提高了配送效率。

打个比方来说,新加坡樟宜机场附近的皇冠假日酒店采用了一种新型的建造方式。它由若干个独立的小模块拼装而来,整个建造过程就像组装乐高玩具。即便将其拆分,所有的酒店房间仍然是一个个独立而完整的个体。

这项技术被称作"工厂预制体积建设(PPVC)"。它将酒店分拆为一个个独立的"零件"——房间,里面包含了一间能住人的房子所应有的基础设施——包括地板、橱柜和浴室。在施工现场,人们需要做的就是组装,用吊车把这些集装箱一样的钢结构预制房间固定在指定的位置。UB 建筑公司的模块预制能做得很精细。在图纸阶段,结构工程师就会参与进来,细致程度甚至包括水机电系统的设计,紧接着,负责工艺的工程师会根据图纸和预算选择恰当的工艺和材料,然后才是流水线上的批量生产。上海UB建筑公司的工厂有四条流水线,每条流水线平均每天能生产两个完整的模块。每个模块不再是简单的墙板和立柱,而是变成了一个个"五脏俱全"的"精装修房"。

它解决了传统建筑行业的多个痛点,如何通过并行工程缩短施工周期,通过大规模生产降低成本问题等。20世纪著名的建筑大师勒·柯布西耶就曾畅想"让房子能像汽车一样工业化地成批生产",如今这一梦想已经实现。

皇冠假日酒店的建造者——UB建筑公司就这一项目也算过一笔账,相比传统建筑方法使用PPVC技术会增加10%的费用,但可以节省40%的人力,同时工期可以缩短50%,而项目提前投入运营,获得的收益还可以抵消增加的建筑成本。

这个测算结果同样适用于VMI模式的整体配送。由于货物不需要像传统方式那样按照逐个订单发起依次等待,分别送货,所有物料只要在VMI仓库里组合后发货,仓库可以用有限的面积和人工去响应大规模制造生产,向着一站式物资隔日配送的目标,将原来需求应对平均79天缩短到2天,效率和效益带来有效提升。根据仓库数据显示,其单车配送的项目数达到5.6个,同比提升35%,单车配送项目金额达到5万元,提升64%,配送成本大幅下降。

最后,对于需求而言,采用了VMI的模式,大规模生产下的零库存成为了可能,集约管理的能效显著提升。

我们的库存开始逐月下降,由于前置管控的流程规范,可以做到货物即入即出,我们可以将更多的精力可以用在原来高企的库存消化,把历史老账逐步清理,逐渐实现零库存。同时,在合理的安全水位设定上严格把关,使仓库的周转率快速提升,应对大规模生产时,也不需要无限制地扩大仓库面积,增加过多的人手。

同时,在公司推进集中化管理的道路上,物资配送首当其冲迈出了试验性的第一步。一是因为物资是看得见摸得着的,它的变化最为直观;二是因为上海直辖市地域行政管理集中度高的特点推动我们进行这场改革。随着VMI管理的推行,更高效集约的岗位配置优势充分显现。与非直辖市的管理模式对标,每个省为每个地市配置1~2位物资管理人员,大型地市如杭州、苏州等也都拥有一个和上海等量的外包团队进行下单操作,当上海的月采购规模和月出库规模保持在与苏杭一个水平线上时,尽管上海的库存余额和周转率指标表现不错,但集中化管理没有足够的说服力,大家的认同只是基于周转率和压库存控制还不错这个结果上。而当上海的月采购规模和月出库规模超过了全国各省平均,同时周转率指标和库存余额指标位列全国前茅时,大家的注意力才转向上海的集中化管理方式所带来的集约效应。

集中化管理方式下,物资管理岗的职能和流程进行了重构。分散的订单下达、分散的仓储均被集中模式替代,各流程环节的专业性更强。在分散管理下,各区域的不均衡性会导致一些岗位过度饱和而另一些岗位过分空闲,跨区域物资调拨沟通成本高导致物资闲置,各区域使用的物资种类不统一不规范使物资种类过多无法集中消化等,这些弊端会使物资分散管理库存增加、人员分散沟通成本增加、非常规性处理流程分散在各个区域使信息和经验没有保留和传递。集中的订单下达和集中的仓储,可以有效解决上述问题,更重要的是通过对基础性管理的量化分析和集中处理,使管理人员可以在掌握全量数据和波动情况的条件下提出提升效率的手段,将重复性作业和分析管理类作业进行分离,对重复性作业可以通过职责归并由更少更集中的人力进行处理,通过系统研发或智能手段降低工作强度,对分析性作业可以将节省出来的人员进行培训和能力提升更好地进行前瞻性和总结性研究分析,对管理中出现的异常和波峰波谷可以更集中地总结归纳以获得共同的经验并提炼出流程优化的方向。因此,通过集中方式可以使更少的人发挥出更高效的能量,使供应链的管理从平面的分散型的方式向链条式的集约型方式转变,通过管理优化使规模效益提升。见图5-1。

所以集中管理会有很大的优势,对于团队内部和对于跨团队面向规模生产时应用集中化管理都会呈现出优势。在上海试点成功给予集中管理应用实践以非常大的信心,但在探索更大范围集中的这条路上,还可以借鉴学习国际型生产企业的一些成功经验。

诺基亚是怎样实现大规模批量生产的?作为一年要生产约1.5亿~2亿部的手机的大型企业,试想每一部手机,用到的零配件有几千个,模块有数百个,所需零配件量之大可以想象。虽然诺基亚中国公司拥有众多全球

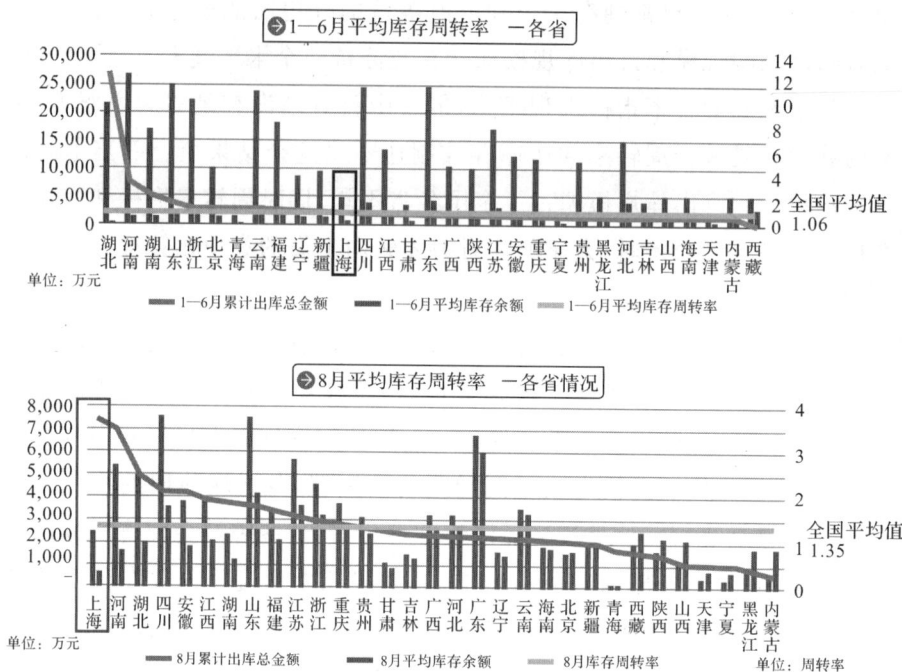

图 5-1　规模上量后上海集中化管理效果显现

优秀的原材料、零部件供应商,但为了满足生产零部件要从国内不同的地方进行采购,甚至还不计成本的从外国进口相应的原材料和零部件。由于这一原因造成了诺基亚本身以及其所处的供应链产生了一系列的问题。

首先,供应链过长供应商不集中,频发断货的现象。由于诺基亚生产本部与其上游的供应商所处的距离较为分散或路程过远,造成生产零部件的运输需要花费更多的时间,跟不上诺基亚的生产进度和计划,这给诺基亚带来的直接后果就是产品生产的延误和产品的短暂性断货。

其次,库存成本过高风险大。由于零部件的供应与生产计划的不同步,造成诺基亚本身和其供应商都存在大量的库存,使得双方的库存成本都增加,再有电子产品的更新换代速度较为之快,库存的积压,产品周转速度的减慢,明显就增加了双方的投资风险。

再次,市场变化的反应速度慢。由于供应商与诺基亚的对接存在较大时间差的问题,使得整个供应链对顾客的需求反应迟钝,从而跟不上产品市场的变化,再次增加了投资的风险。

最后,物流运输成本过高,要从全国各地将生产零件集中到诺基亚的生产线,需要较长距离的运输、中转、仓储等环节,造成诺基亚的物流成本高企。

于是,诺基亚成立了一个工业园,把遍布全球相对分散的供应商聚集在自己的手机工厂周边。诺基亚主动召集供应商和自己毗邻而居,把原来需要空运、海运等方式才能实现的原料和零部件的采购变得简易,节省了以前耗费很多的高端运输成本,库存成本几乎降至为零,从而能最高效地保证生产,提高自己的产能。更重要的是,资金周转速度大大提高。供应商接到诺基亚订单将原材料从自己的库房送至诺基亚厂房门口后才进入诺基亚的资金周转周期,短短几个小时后,诺基亚的生产线生产出成品打包运出,则已进入诺基亚的资金回笼阶段。最终诺基亚供应链各个主要企业如揖斐电、威讯、富士康、三洋等都入园,总数达十五六家,形成战略同盟,实现了 VMI 管理利益共赢。

正是由于 VMI 模式能够将多方利益结合起来,实现整个供应链的共赢,使这项工作为各方创造价值,供需双方以及第三方仓储都有意愿积极参与其中。

第六章　团队作业

要形成 VMI 模式的普及,不能只依靠于个人经验或个人能力,它需要的是团队与团队,组织与组织之间的协同。VMI 的参与者包括采购管理团队、项目需求团队、仓库管理团队、订单指令团队、供应商销售人员、供应商生产团队以及系统支撑团队,当然还包括各组织的管理者。

这个团队要处理的问题具有复杂性、时效性和离散性。这对如何利用好已有的知识、经验,形成固定的规范、准则有着前所未有的挑战。如果我们不学习和利用已有的经验,就可能会重蹈覆辙。同时,机械地运用这些知识又很可能忽视了问题的特殊要求。所以参与其中的每个人,都需要支持和联系,需要一些特殊方法可看作是工匠的工具,并需要了解何时和如何使用工具来打造出最终优质产品的工匠。

这些工具包括:

(1)知识积累和云网络框架;

(2)深度思考和团队协同;

(3)诊断问题的方法论。

6.1　知识积累和网络框架

作为一个管理专项组织的成员,我们都力图用最专业的方式来解决问题,所以我们需要经验的交流、传承和通达透明的网络渠道。正如医生、律师和工程师向同行咨询,专家会诊以获得建议来解决遇到的棘手问题一样,VMI 的团队也应如此,通过持续的知识积累,案例汇编成库,步骤全面素描形成智库。如果不利用和不参与到公司的知识网络中单打独斗,对于个人和组织都是伤害,就如同图 6-1 的那位医生一样。

"白先生,你得了一种罕见的病,可能需要特殊治疗。但我太忙了,没法知道我的同事和医疗专家怎么看待这个问题,所以就让我们先开始手术吧!"

如果遇到这样的专家,我们的小命危在旦夕,对于组织也同样如此。只有

图 6-1　单打独斗的医生

将个人置于智库这朵云中,从云中取得营养,又将自己所体验的特殊知识回馈到云中形成积累,才能更好地更紧密地与组织沟通和传承。对于越是复杂的问题就越需要通过学习经验和反馈体验结果,形成共识。

过去,我们的核心网络几乎都是非正式的和个人的——如处理同样问题的小伙伴、团队领导小组成员、经验丰富的供应商——他们曾经处理过类似的问题。但是,随着项目规模扩大、各个团队工作位置分布广泛、问题日益复杂的时候,却很难找到合适的人充分有效地了解所有的经验和知识来解决问题。因而,团队越来越倾向于形成智库来加强人与人之间的知识交流。

VMI 模式下,我们存在跨区域跨公司的团队合作,我们无法保证每个人每时每刻能够听到他想要的答案。所以借助平台网络支撑系统,让每个成员都能接入到这个系统中获得最及时的信息、评估、反馈以及案例分享(见图 6-2)。

6.2　深度思考和团队协同

对于一项复杂的工作,单纯的雇佣关系或上下级关系是不能推动其成功的。传统的雇佣关系是一种交易模式,供需双方会在乎自身的利益得失,当遇到简单问题时,愿意通过一些努力来达成对方的需求,而遇到复杂的工作或影响切身利益的问题时,则要通过谈判来给对方施加压力以获得

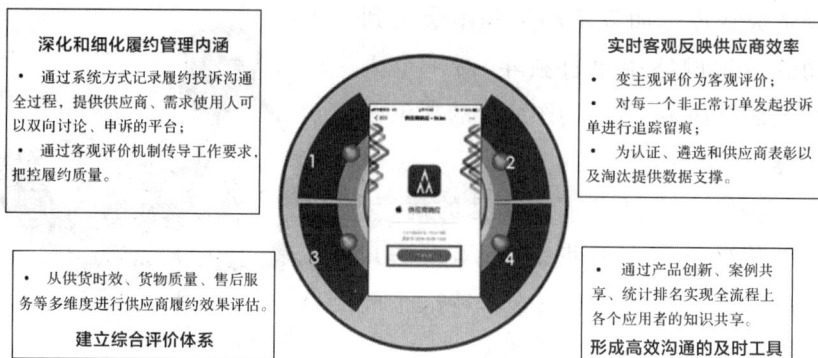

图 6-2　供应商支撑管理系统

自己最大的权益。上下级关系更是充满了复杂性,由于这个关系并不单纯基于契约形式,还掺杂着复杂的权威、背景、声誉、人际关系等一系列因素,对于复杂的工作更增加不确定性。

如果要实现复杂工作的团队推动,我们需要形成一个稳固的三角模型,并推动这个三角形的每个角都能向前推动,每条边都能延展(见图6-3)。

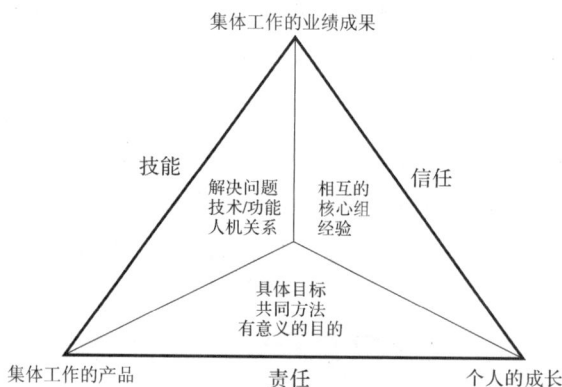

图 6-3　推动业绩成功的三角模型

这个三角形的三个支点表明了团队所能提供的东西:个人的成长、集体工作的产品和业绩成果。三个支点会让参与项目的队员放下个人性价比的思考,随着个人能力的成长、团队作业成品的积累以及业绩考核的优异,会推动个人全身心投入到这项工作中。

这个三角形的三条边表述了使团队能提供这些东西的原则:个人对集体的责任感使命感,个人对业绩完成的信念,以及集体向着目标达成进程中整体技能的提升。

这个三角形的中心则体现了完成目标过程中所能获得的要素,也是吸引每个个人参与其中的诉求。包括解决问题的技术功能的提升,人际关系的提升,团队间相互信任,成为核心组成员,经验的丰富,对目标具象,拥有共同的方法,达成共识。

如果这个团队要处理解决的问题越复杂,思考的深度越深,这个三角形的延展力就越强。参与其中的个人所能获得的除了物质以外的其他价值就会更大。

所以,越能够深度思考的团队,就越有凝聚力,团队成员收获也就越大。

在面对复杂工作的处理和持续改进时,一个有着自我提升力的团队是非常重要的。团队和传统意义上的工作组是有着本质差异的,工作组是一个自上而下的组织,而团队却是拥有自动力的组织。见表 6-1。

表 6-1 团队与工作组处理方式的对比

工作组	团 队
● 强有力的目标明确的领导人	● (团队)成员分担领导作用
● 个人负责制	● 个人负责和相互负责相结合
● 工作组的目的与更广的组织任务是一致的	● 团队自己产生具体的目的
● 个人的工作产品	● 集体的工作产品
● 通过有效的会议运行	● 鼓励进行不限人员参加的讨论和积极的解决问题的会议
● 通过工作组对他人的间接影响来评定其效率(如企业的财务业绩)	● 通过评价集体的工作产品直接评定业绩
● 讨论决策和代表作用	● (团队成员)共同讨论,共同决策,也共同做实施

在一个精诚合作的团队中,每个人都会扮演互补的角色。团队成员各自或成组地偏重于某项分工,但又相互补充使这些分工能够无缝对接。这是工作组方式无法实现的。在工作组中,工作组成员优先思考自己的绩效和业绩表现,期望上级能在群星中发现自己是最闪亮的那颗,彼此存在着

竞争与竞合的关系,使工作组彼此间会有间隙和冲突。但团队的方式在于成就集体共同的产品,获得共同的价值,这使成员彼此依赖形成互补。

因此,团队的建设不是自上而下地执行命令,运动式地完成任务,而是自下而上地探索问题的本质,形成能够自发解决问题的学习型组织。

6.3　诊断问题的方法论

团队的作业需要对工作意义的共识、对达成目标的共振、对解题思路的共享,从而实现成员间的共鸣。方法论也就是俗称的套路,这至关重要。

试想一个交响乐团要演绎复杂交响乐,必须要凑出水平相仿的乐手,又要按照谱子反复操练,才能上台不慌阵脚而不乱。这相仿的乐手就是团队中的成员,各自要有偏重,对自己拿手和负责的业务能钻研并形成经验;这谱子就是工作目标是每个成员都要识别并入心入脑的内容;这反复的操练就是用各种方法论去探讨解决问题的过程;而上台表演则就是团队对达成使命的共识。

所以在过程中,我们需要既有的方法论和不断讨论形成的新的方法论。这些方法论的积累可以帮助团队在同一航道上不偏离方向,并可以提供给新成员可以摸索的历史痕迹和快速达到团队其他成员水平的阶梯。

在 VMI 管理中我们会专注于一些方法论,比如:

全面质量管理

5S 现场管理

可视化案例讨论

需求预测

安全生产线测算

单期库存最佳设置

头脑风暴

……

这些方法论因团队经验和目标场景而有所不同,但却可以长期积累,形成固化的流程和方法。方法并不是最重要的,最重要的是大家乐意用方法去解决现实问题。

供应链团队的培养是任重而道远的。供应链体系的员工组成,学历、资历、能力不可能是高大上的,不会像人才引进或课题研究团队那样拥有顶尖人才。但是,这里更像是一个军营,磨砺人的意志,锻炼人的反应,锤炼人的心气。刻苦、认真、责任是供应链团队每个成员都必须具备特性。来到一个仓库,就能看到一个道场,对于特殊的情况或对于未被列入规则的事情是视而不见,还是快速诊断快速应对,都只是一念之间。而无数个一念之间就会形成我们所看到感受到的氛围。所以,我们的团队最终要形成每个成员不会袖手旁观,每个成员都要主动去寻找不完善的地方来加以解决问题。

这也就是说我们的团队不是顶尖人才,而是顶尖专家,是处理问题的专家。他们要具备的素养是责任、责任还是责任。

如果一个病人被铁钩刺穿了大腿到医院就诊,外科大夫只清理在皮肤以外部分的铁钩,然后就向病人收费,那么这个大夫还不如什么都不要做的旁人。诚如台湾忠信高级工商学校校长高震东在大陆的一次演讲中说道:"每个人都应当学会把责任揽到自己身上,而不是推出去。"他举了一个很形象的例子。在台湾办学校,如果教室很脏,问"怎么回事?"假如有个学生站起来说:"报告老师,今天是 32 号同学值日,他没打扫卫生。"那样的话,这个学生是要挨揍的。在台湾忠信高级工商学校学生只会回答:"老师,对不起,这是我的责任。"然后马上去打扫。灯泡坏了,哪个学生看见了,自己就会掏钱去买个安上,窗户玻璃坏了,学生自己马上买一块换上,这就是责任。

在供应链团队中,每个队员都要把每一次遇到问题当做天赐的良机,这是练手的机会,更是磨砺心志的机会。每个队员都能够在问题中成长,因为是问题让大家越来越熟练掌握方法论,每个队员更能通过问题折射出人的品质,因为通过问题使他人受到帮助,并通过自己的责任感使队友的效率提升,使自己获得尊重。是问题给了每个人实现价值的机会,不用太在意眼前的被看到或没被看到,而要知道通过解决问题才会使现在的自己与过去的自己不同,所以要善待更要珍视问题给每个人带来的成长机会。

我的实训材料到这里就要告一段落了,但是供应链管理的探索之路还有很长。在未来我们还将实现更深层次和更广泛体系的探索,并通过系统开发来配合 VMI 管理实践走得更远更实。

　　在此,我要感谢向我传授真经的领导——张宜军总经理和陶海俊副总经理,没有他们的引领和支持,这项使命是难以完成的。我也要感谢在推进过程中不断给予指导和帮助的直管领导袁回,没有他关键时刻的把关和推进,工作是不可能推进如此顺畅的。再者,我要感谢中通通信公司对于我公司落地 VMI 管理实践的全力支撑,作为可靠的仓储配送第三方公司和我公司订单集中化外包支撑团队,他们给力的、高效的工作响应,是快速落实 VMI 管理见真效的重要保障。当然,我还要感谢我的供应商们,无论参加和不参加 VMI 管理的供应商,在这个过程中,他们的建议不断给予并启发我辩证看待 VMI 管理和不断优化改进流程的思路。最后,应当感谢我所在的这个大家庭,在携手走过和即将要开拓的路上,这艘事业之船承载着我们个人,我们的成长也驱使着这艘大船的前进,每个人的道场就是他所在的事业,所以谨以这份内训材料向我公司走过的五岁生日献礼! 希望在未来的航行中,我们每个人都能探索到更多美好,挖掘到个人和集体的财富,成就我们的成长和智慧。